LA RÉPÉTITION
DES SCÉNARIOS DE VIE

Du même auteur
aux Éditions Odile Jacob

Les Ennemis intérieurs. Obsessions et compulsions, Paris, 1998.

JEAN COTTRAUX

LA RÉPÉTITION DES SCÉNARIOS DE VIE

Demain est une autre histoire

EDITIONS ODILE JACOB

15, rue Soufflot, 75005 Paris

www.odilejacob.fr

ISBN 2-7381-0985-3

Introduction

Quand la vie se répète

« Le bonheur est une idée neuve en Europe. »

SAINT-JUST,
Rapport à la Convention nationale,
3 mars 1794.

Chacun pourrait raconter sa vie comme un film, fait de scènes reconstruites par la mémoire, et le raconter à un auditeur de son choix. Un certain nombre de lieux ou de situations facilitent ces récits : les réunions entre amis, les salons de coiffure, la plage, les vacances..., sans parler des tranches de vie que racontent à des oreilles anonymes ceux qui téléphonent dans les lieux publics. Le récit de vie s'adresse toujours à un témoin, et le plus intime des journaux espère le lecteur.

De fait, une vie sans histoires n'existe pas. Pour le dire autrement, une vie sans histoires serait une histoire sans vie. Il suffit d'examiner n'importe quelle existence à la loupe pour voir qu'elle n'est qu'une suite de problèmes, plus ou moins bien résolus. Comme le disait l'excellent Monsieur Fenouillard, « la vie est un tissu de coups de poignard qu'il faut boire jusqu'à la lie ».

LES SAISONS DE LA VIE

Nous rencontrons donc tous des problèmes. Pire, nous rencontrons souvent les mêmes. La vie n'est pas une vallée heureuse où le temps s'est arrêté ; elle est faite de saisons ou d'étapes, au cours desquelles des crises spécifiques vont apparaître. Prenons la division de l'existence humaine en huit stades telle qu'elle a été proposée par certains [(4)]. Chacun de ces stades s'organisera autour de deux pôles contradictoires qui pourront donner lieu à des tensions, des contradictions ou des conflits. De l'issue plus ou moins heureuse de ces oscillations résultera un sentiment de réussite ou la perception d'un échec.

Les huit stades

1. De 0 à 1 an : oscillations entre la confiance et la méfiance.
2. Entre 1 et 3 ans : tension entre l'autonomie et la dépendance (avec la honte et le doute).
3. Entre 4 et 5 ans : contradiction entre l'initiative et la culpabilité.
4. Entre 6 et 11 ans : tension entre compétence et sentiment d'infériorité.
5. Lors de la puberté et de l'adolescence : conflits entre l'identité personnelle et la confusion des rôles.
6. Chez les jeunes adultes : contradictions entre les capacités relationnelles et la recherche de l'isolement.
7. À l'âge adulte moyen : tensions entre la créativité et la stagnation.
8. À l'âge adulte tardif : conflits entre le sens de son unité existentielle et le désespoir.

Cette division peut vous paraître un peu trop systématique, et c'est vrai qu'elle ne donne pas une vue détaillée de chaque situation. En revanche, elle rend assez bien compte des difficultés qui sont rencontrées à chaque âge et que chacun devra surmonter. Certains vont ressortir victorieux de ce face à face entre l'homme et le problème : l'épisode va s'inscrire dans leur histoire de vie, et la vie poursuivre son cours. D'autres, en revanche, ne réussiront pas à surmonter la crise : ils feront le «mauvais choix » ou bien n'agiront pas pour modifier la situation : l'épisode va figer leur histoire de vie, et la vie s'enliser, patiner, tourner en boucle. Pour prendre une image automobile, n'ayant pas su négocier le tournant, ils se retrouvent bloqués dans une impasse. C'est alors que vont se répéter les mêmes comportements et qu'apparaissent les scénarios de vie.

LE CYCLE DES RÉPÉTITIONS

Tout se passe comme si la vie était un directeur de casting, qui avait attribué un rôle qui n'était pas vraiment voulu. Figée dans son personnage, la personne scénarisée va maintenir des relations stéréotypées et insatisfaisantes avec les autres, surtout si ce rôle a une fonction dans un groupe : femme parfaite, bouc émissaire, faux génie, perdant, battant, macho, séducteur, etc. Si la personne qui souffre de se trouver prise dans le cycle des répétitions souhaite changer de vie et de scénario, elle aura donc non seulement à se modifier elle-même, mais à changer ses relations avec son entourage, ou encore à changer d'entourage.

Mais, me dira-t-on, qu'est-ce qui distingue ce que vous appelez un scénario de vie de la bêtise ordinaire ? C'est justement l'intelligence qui l'en différencie. La bêtise se satisfait d'elle-même ; la personne prise dans un scénario souffre du caractère répétitif de sa vie.

Une telle dynamique n'est pas sans rappeler les engrenages qui, dans le film *Les Temps modernes* de Chaplin (1936), emportent Charlot, transformant un homme en machine. Le scénario de vie peut, en effet, être comique et il illustre tout à fait le propos du philosophe Henri Bergson (2), pour qui le comique et le rire proviennent de la représentation « de la mécanique plaquée sur du vivant ». Mais le scénario peut aussi se révéler tragique, et *La Machine infernale* poursuit sa marche inexorable comme dans la tragédie grecque ou les tragédies modernes : le hasard, la société ou la famille broient l'individu aveuglé. Dans un cas comme dans l'autre, une fatalité inexorable semble à l'œuvre. Mais la personne est-elle agie ou agissante ? La mécanique est-elle à l'extérieur ou à l'intérieur, ou bien les deux à la fois ?

ENGRENAGES...

Avoir une personnalité consiste à répéter des comportements, des paroles, des émotions ou des pensées. « C'est bien vous », nous dit quelqu'un. « On vous reconnaît bien là », dit quelqu'un d'autre. Parfois, nous poussons l'audace jusqu'à reconnaître des types psychologiques décrits depuis bien longtemps, et nous parlons d'un Tartuffe, d'un Hercule, d'un Avare, d'un Narcisse, etc.

Aurions-nous le sentiment illusoire d'être les maîtres de la scène, alors que nous sommes mis en scène ? Aurions-nous l'illusion d'être les maîtres du jeu, alors que c'est notre personnalité qui nous fait jouer notre rôle sur la scène du monde ? Et nous la connaissons si mal...

Toute personnalité est un cadrage sélectif et reflète des choix, des valeurs personnelles et une interprétation des faits. Par là, la vie rejoint le cinéma. La plupart des films décrivent un personnage avec un caractère, ou un type de personnalité. Le personnage de film, ou de théâtre, se dit *character* en anglais, et la *persona* antique était le masque que portaient les acteurs de théâtre.

On peut penser qu'une vie qui tourne mal, ou en circuit fermé, résulte d'erreurs d'interprétation et de choix catastrophiques en rapport avec un style de personnalité. Un jour ou l'autre, chacun de nous peut se retrouver prisonnier d'un scénario. Le plus souvent, il s'en sortira assez rapidement : la chance, l'aide des autres, l'intelligence ou la capacité personnelle à résoudre des problèmes viendront à bout des difficultés. Pour d'autres, en revanche, qui ont un style de personnalité plus typé, ce dégagement sera difficile, et le scénario deviendra l'affaire d'une vie…

La psychologie cognitive permet de jeter une lumière plus crue sur le problème des « scénarios de vie » grâce au modèle qu'elle propose de la personnalité. L'agencement de la personnalité se fait à partir du tempérament qui représente la base biologique des comportements, mais la personnalité se construit aussi à partir des schémas cognitifs, c'est-à-dire de systèmes personnels d'interprétation qui résultent de l'éducation et de la culture environnante.

LE RETOUR DU MÊME

L'homme n'a pas le monopole de la communication, mais il a conservé jusqu'à présent une confortable avance dans le domaine du stockage et de la reproduction d'informations. La capacité de stocker et de différer les récits est sans doute une de ses caractéristiques. Elle constitue aussi une des origines des scénarios de vie et de leur répétition.

Quand Bach empruntait un thème à un autre musicien, il recevait une lettre de remerciement, alors que le pastiche de n'importe quel tube se termine aujourd'hui au tribunal. Le bombardement de l'individu par des messages répétitifs et la disponibilité en temps réel d'un stock illimité de documents sur Internet façonnent la pensée. Cela aboutit au « sampling », c'est-à-dire au collage bout à bout d'images, de musiques, de sons ou de phrases pour en faire œuvre originale à partir de morceaux anciens. La création n'est plus une projection dans l'avenir ; ce n'est plus que la reconstruction des fragments du passé.

Chaque création ou re-création donne donc la possibilité d'une imitation et pourra devenir une forme traditionnelle et répétitive. La répétition de la tradition morale, technologique ou artistique est une des forces de l'espèce humaine ; c'est aussi sa faiblesse, car elle place chaque individu sur les rails d'un scénario préétabli. Toute culture, toute éducation imprime en chacun des scénarios utiles à la survie, mais aussi des idées reçues sans examen et des comportements ritualisés dont le sens nous échappe. Comme ils ont toujours été là, ils représentent pour nous la réalité.

Serions-nous donc seulement les automates de la tradition ? Dans ce cas, où commence la liberté ? Et une histoire de vie réussie serait-elle l'histoire de quelqu'un qui, d'une manière ou d'une autre, a pu tracer son chemin hors de sentiers battus ?

LE JEU DES *REMAKES*

L'idée de ce livre m'est venue en constatant que, lors des thérapies cognitives, j'écoutais des histoires de vie qui avaient pour dénominateurs communs la souffrance, la complexité et le constat d'une fatalité ou d'un destin. Du défilement continu du récit naissait une série d'images qui permettait, avec le patient, de (re)construire le « film de sa vie », de donner un sens à son existence actuelle et, quand l'issue était favorable, de sortir du piège qu'il avait sur lui-même refermé.

En rentrant du travail, j'avais pris l'habitude, pour me délasser, de regarder des films. Après quelque temps, je me suis rendu compte que je continuais en réalité à travailler, car la plupart des films racontaient, de manière stylisée, les mêmes histoires que celles que j'avais entendues dans la journée.

Un autre fait avait confirmé cette évidence. Certaines personnes, spontanément, comparaient leur vie à un film ou à un *soap opera*. « Mes relations avec ma belle-famille sont dignes de *Dynastie* », disait l'un. « Apprêtez-vous à écouter une histoire torride, qui ressemble à un film *hard* et se termine par une débandade », disait un autre. Chacune de ces brèves descriptions représentait le point de départ d'un scénario. Chacune représentait une intrigue plus ou moins raffinée, justifiant le récit des motifs de la situation actuelle et la recherche d'un dénouement heureux ou malheureux.

Devant ce jeu de miroir, l'idée m'est venue de mettre en relation ces deux mondes. Je trouvai facilement des films qui ressemblaient aux récits que font les patients en psychothérapie, ce qui me permit une écoute plus efficace. Cela m'incita à proposer aux personnes en thérapie l'étude des scénarios de films comme moyen de compréhension, de distanciation et de changement. J'utilisai aussi le stock de scénarios que l'on trouve dans le roman, le théâtre ou l'opéra et qui sont souvent de structure identique aux scénarios de films.

Il existe un nombre limité de sujets de romans ou de situations dramatiques ; ils transparaissent, avec une monotone répétition, sous la couleur chatoyante des écrits ou des films. Peu d'écrivains ont essayé d'en dresser l'inventaire. Une rare et récente exception est l'auteur surréaliste Sarane Alexandrian [(1)], qui a recensé soixante sujets, dont il donne pour chacun, en quelques pages brillantes, le scénario. On constate alors que n'importe quel thème a déjà été traité dans le passé, avec plus ou moins de bonheur, par des cinéastes ou des écrivains. De la même façon, les récits de vie sont souvent très proches les uns des autres.

Beaucoup se ressemblent : on peut donc les considérer comme les « remakes » des scénarios types que l'on retrouve avec constance d'une époque à l'autre, d'un pays à l'autre, d'une culture à l'autre et, surtout, d'un individu à un autre. Chacun peut penser son destin comme totalement personnel, mais force est de constater la similitude des récits, qu'ils soient issus de la vie ou de l'art. Et il ne faut pas s'en étonner, car le nombre de types de personnalité est limité, tout comme sont identiques les relations avec les autres et les événements de vie qui en résultent.

Il est facile de jouer au jeu des remakes et, devant chaque histoire fictive, de se poser la question de ses sources d'inspiration. On montre, sans trop de mal, que cette histoire n'est que la nouvelle version d'une histoire vieille comme le monde. Plutôt qu'à un récit originel et plagié, l'uniformité des récits renvoie à un héritage psychologique commun. La force d'une œuvre d'art est d'être à la fois singulière et banale : elle est reconnue, car chacun s'y reconnaît. L'admirable serait donc banal, mais le banal est-il toujours admirable ?

VERS PLUS DE CRÉATIVITÉ PERSONNELLE

Cet ouvrage dresse l'inventaire des principaux scénarios de vie et établit un parallèle entre les scénarios de vie et les scénarios de films. Il montre ainsi la constance de certains scénarios dramatiques types, liés à la permanence des grands types de personnalité, en même temps que l'émergence de nouveaux scénarios en ce début de millénaire.

Il se propose aussi de répondre à toute une série de questions liées au syndrome, de plus en massif, de la répétition : qu'est-ce que la personnalité, et peut-on en changer ? Les scénarios de vie sont-ils la face cachée de ce que nous sommes, et comment faire, dans ce cas, pour sortir du piège ? Démonter les mécanismes de la répétition permet-il de remédier à l'insatisfaction personnelle ou d'éviter le malheur ? La thérapie cognitive peut-elle aider à changer de scénario de vie ? Et est-il possible de dégager des solutions pratiques que chacun puisse appliquer en vue d'un changement personnel ? L'inverse d'un scénario de vie contraignant est sans doute la créativité et la recherche d'un nouvel art de vivre.

Selon nous, la personnalité de chacun est faite de croyances irrationnelles, souvent inconscientes, qui sont à l'origine des scénarios de vie dont l'effet est la répétition d'échecs personnels. Ces scénarios de vie sont identiques aux scénarios de films. Même si la vie n'est pas un film, chacun peut, un jour, se trouver confronté à un scénario dont il devra trouver le « *happy end* ».

Première partie

LES SCÉNARIOS DE VIE : L'ÉTERNEL RETOUR

Chapitre premier

Quel est votre scénario ?

La vie est comprise après coup, tout comme le dénouement et le mot fin sur l'écran donnent son sens au film qui vient de se dérouler sous nos yeux. Les personnes qui ont fait l'expérience de la mort imminente, au cours d'un accident, d'un crash aérien ou d'une chute en montagne et qui ont survécu à une mort annoncée le disent aussi, à leur manière : elles racontent souvent qu'elles ont vu leur vie défiler sous la forme d'un film accéléré. Mais s'agit-il de toute la vie ou d'une simple illusion correspondant à un montage fait par la mémoire ? La mémoire peut n'avoir sélectionné et mis en scène que certains épisodes de la vie sous la forme d'un ultime flash-back...

Tous les récits ont leur part d'amnésie. Sinon, comment pourrait-on penser sa vie et lui donner un sens ? Chacun serait submergé d'informations contradictoires et de données disparates. La mémoire fait le tri aux dépens de la précision, et elle construit un scénario plus ou moins cohérent. Cependant, il existe des différences importantes entre le récit d'une vie et ce qu'on appelle, en psychologie, un scénario de vie.

QUAND LA VIE FAIT SON CINÉMA, OU PRESQUE...

Un scénario de vie est une situation piège dans laquelle on se débat sans pouvoir en sortir et qui se répète. C'est aussi le produit d'une activité mentale par laquelle on reconstruit son histoire et lui attribue une valeur négative, avec la sensation d'être prisonnier d'événements qui se reproduisent à son détriment. Écoutons l'histoire d'Huguette.

Histoire d'Huguette : Coup de cœur

Huguette, 40 ans, sort d'une histoire difficile. Un soir, sous l'emprise de l'alcool et des barbituriques, au cours d'une scène assez violente, l'homme avec lequel elle vivait depuis un an et demi, le père de sa petite fille âgée de neuf mois, l'a menacée avec un pistolet et un couteau. Elle a dû faire appel à la police. Ils se sont séparés, et Huguette a changé d'adresse. Depuis, elle se porte un peu mieux. Elle a intenté un procès, et son ancien compagnon a été condamné à six mois de prison, avec deux ans de mise à l'épreuve.

Mais l'histoire d'Huguette est plus compliquée que ce bref récit ne le laisse croire.

À deux reprises, par le passé, son ex-conjoint avait, sous l'emprise de l'alcool, tenté de l'étrangler ; il avait même déjà tiré sur elle. Et avec les autres hommes, rencontrés avant, les histoires n'étaient guère plus heureuses : c'étaient soit des alcooliques, soit des drogués ; ils avaient une vie instable, un parcours atypique et ils présentaient des comportements impulsifs.

Huguette a l'impression d'avoir toujours fait le mauvais choix en matière d'amour, d'enchaîner les coups de cœur mal contrôlés. À plusieurs reprises, elle a présenté des épisodes boulimiques, anorexiques, de l'obésité ; elle a fumé du hasch ; elle se met souvent en colère. Elle a fait plusieurs tentatives de suicide, traversé plusieurs épisodes dépressifs, effectué plusieurs formes de psychothérapies : analyse transactionnelle, yoga, bioénergie, Gestalt, massages, danse rythmique, hypnose, rêve éveillé dirigé... J'en passe et des meilleures, comme dirait Victor Hugo.

Elle me raconte l'histoire de la rencontre avec son dernier compagnon. Ils travaillaient tous deux dans une station de ski ; l'été venu, ils sont partis ensemble et ont mené pendant quelque temps une vie de bohème. Elle savait bien que Serge n'était pas parfait, qu'il avait besoin d'être « éduqué », mais elle pensait justement pouvoir lui apporter ce qui lui manquait. Ce « complexe de Pygmalion » l'avait déjà lancée dans d'autres aventures, avec des hommes d'origine étrangère, souvent artistes ; ces liaisons orageuses s'étaient toujours terminées dans la violence et l'humiliation.

Un jour, alors que leur voyage les avait menés à Naples, Huguette a commencé à comprendre : un début de désillusion l'a saisie. Elle a eu l'intuition qu'ils ne partageaient pas les mêmes valeurs — en particulier, les valeurs culturelles et artistiques —, que sa romance avec Serge allait vers son déclin et que la rupture suivrait de peu la fin de l'été.

L'automne venu, elle avait décidé de le quitter. Pourtant, tout en se rendant compte de l'erreur qu'elle commettait, elle a accepté quand Serge a parlé de vivre ensemble ; plus tard, elle a gardé l'enfant qui avait été conçu par accident.

Elle le reconnaît volontiers, les dissemblances entre eux sont très importantes : Serge a dix ans de moins, il est peu soigneux, peu respectueux, sans principe moral, impulsif. Mais les ressemblances existent : l'indépendance, le professionnalisme, le perfectionnisme et le goût pour la vie de bohème.

En reprenant l'histoire de cette rupture dont les traces sont encore fraîches, il apparaît que le nœud du drame est l'incapacité à rompre une situation tout en sachant qu'elle n'est pas viable. Huguette s'était aperçue très précocement, au bout de trois ou quatre mois, qu'ils n'étaient pas faits l'un pour l'autre. Cependant, elle a accepté de rester avec l'homme et de garder l'enfant. Ce qui l'a séduite chez Serge dans un premier temps l'en a finalement éloignée : la vie sans souci, impulsive, au gré de sa fantaisie, le fait qu'il soit plus jeune, etc. En fait, Huguette oscille perpétuellement entre deux pôles : un pôle adolescent et un pôle adulte. Le premier l'a poussée à vivre avec cet homme ; le second l'a amenée à le quitter.

En thérapie, Huguette s'interroge sur son style de vie. C'est surtout la répétition des mêmes situations qui l'intrigue. Elle explique un peu mieux son histoire. Ses parents ont divorcé alors qu'elle était enfant, et elle a vécu écartelée entre les deux. Elle a le sentiment qu'elle ne se laisse jamais assez de place pour faire ce qu'elle veut, qu'elle cherche la difficulté ou le conflit sans pouvoir s'en empêcher. L'évaluation clinique et les tests psychologiques permettent d'identifier une personnalité limite.

Les grands rouages

Il y a dans le mot de scénario l'idée que les faits s'enchaînent selon un plan défini et bien arrêté. Toutefois, au cinéma, le dénouement est prévu dans le script et permet au personnage de dépasser la crise qui constituait l'histoire du film. Dans la vie, en revanche, il y a répétitions des situations pénibles sans déroulement, ni changement, ni évolution. Les relations avec les autres sont toujours les mêmes ; les mêmes événements se répètent et finissent par donner lieu à un style de vie stéréotypé. Il s'agit le plus souvent de la répétition d'échecs (sur le plan professionnel et sentimental) ou de conduites à risque (tentatives de suicides, accidents, actes de violence agie ou subie, conduites impulsives).

L'analogie avec le cinéma, d'où vient le terme de scénario, s'explique par deux perceptions : tout d'abord de l'impression que c'est toujours le même film qui repasse ; ensuite, de l'idée de contrainte et de perte de liberté : tout comme un acteur qui répète un texte écrit par quelqu'un d'autre, la personne qui subit un scénario de vie a la sensation d'être prise dans une histoire qui n'est pas la sienne et qui lui est imposée.

Le sentiment dominant est celui d'avoir vu le piège et d'y être quand même tombé. « Je refais toujours les mêmes erreurs », me disait une femme qui n'avait pu vivre qu'avec des hommes toxicomanes ou alcooliques : fille de parents alcooliques, elle avait elle-même pris des drogues dures pendant trois ans.

Cet enchaînement identique des faits donne une impression de « pas de chance ». Effectivement, le hasard et les contraintes sociales extérieures sont, en partie, à l'origine du scénario de vie : on ne choisit ni ses parents, ni sa famille, ni, le plus souvent, de subir un accident... Toutefois, les personnes prises dans un scénario de vie sont généralement conscientes d'avoir intériorisé des règles de fonctionnement qui leur sont néfastes et qu'elles ne peuvent qu'appliquer : elles se reconnaissent une part de responsabilité dans leur scénario. Mais, s'il suffisait d'avoir conscience de ses propres contradictions pour les dépasser, les cabinets des psychiatres, des psychothérapeutes et des voyantes seraient vides...

Le choix du casting

Que dit-on lorsqu'on taxe une personne de stupidité, sinon qu'elle n'est pas consciente du fait qu'elle agit contre elle-même ? Ou qu'elle donne d'elle-même l'image de quelqu'un qui ne comprend pas un mauvais fonctionnement, pourtant évident pour les autres ? Que les résultats de ses actions soient tragiques ou comiques, on parlera d'aveuglement ou de bêtise. Il vaudrait mieux dire que cette personne est prise dans un scénario de vie qui la dépasse, dont elle n'a pas *totalement* conscience et qui la pousse à agir à son détriment. La répétition des mêmes échecs et des mêmes conflits témoigne d'un problème profond, qui peut perdurer depuis l'enfance ou résulter d'événements récents actuels face auxquels on n'a pas les ressources d'adaptation nécessaires et suffisantes...

Histoire d'Anna : Harcèlement

Anna, 56 ans, arrive en pleurs à mon cabinet : depuis six mois, elle est victime d'agressions diverses et variées sur son lieu de travail. Divorcée, mère d'un enfant, elle vit seule et occupe un poste modeste de cadre à mi-temps où elle subit les brimades répétées d'un chef qui la traite plus bas que terre.

L'homme l'a agressée à plusieurs reprises, par des paroles et des gestes ; il a jeté ses affaires par terre. Un jour, alors qu'elle recevait une cliente, il a fait irruption dans son bureau pour l'insulter publiquement, il a menacé de la gifler. Anna n'a pas hésité à faire part de ce problème à sa hiérarchie, mais la direction a préféré temporiser et la mettre dans un « placard » où elle n'a plus rien à faire.

Depuis, Anna fait des cauchemars où elle revit cette agression. Elle a un sentiment permanent d'anxiété et craint de venir au travail. Elle a mis longtemps à se décider avant d'entamer une action en justice (pour harcèlement professionnel) et une action aux prud'hommes (il était question de supprimer son poste). Elle présente un certain degré de dépression, des troubles de la concentration, de la mémoire, des réactions émotionnelles variables dans la journée. Elle est constamment perturbée par le souvenir de l'agression et elle n'ose pas en parler. Il lui arrive d'avoir des insomnies, des bouffées de colère ; elle pleure souvent.

Anna me raconte sa vie et aborde d'autres problèmes. Plus jeune, elle a subi deux autres traumatismes, qu'elle a relativement bien surmontés. En 1961, elle vivait en Algérie, et le climat de violence était constant. On ne parlait que de meurtres ou de gens égorgés... Un jour, en allant au lycée, sa meilleure amie, une jeune Arabe, a été tuée sous ses yeux par l'OAS. À l'époque, elle a eu des cauchemars, des rêves intrusifs, de l'anxiété, mais elle a continué d'aller à l'école et de mener ses activités : le climat de guerre l'avait en quelque sorte immunisée, et puis elle était sous la protection de ses parents. Après son rapatriement en France, elle s'est mariée. Malgré un début de vie commune assez heureux, son mari a, semble-t-il, commencé à présenter des manifestations délirantes : il a menacé de la tuer ainsi que ses enfants. Une fois de plus, Anna a été profondément ébranlée, mais elle a rebondi : elle a divorcé et poursuivi sa vie.

Aujourd'hui, Anna est très vulnérable du fait des circonstances de sa vie passée. Autrement, l'agression dont elle a été victime sur son lieu de travail aurait pu être réglée par une contre-attaque immédiate. Au lieu de quoi, elle a entraîné des conséquences psychologiques importantes : Anna souffre de ce que les « psys » nomment un état de stress posttraumatique. Comme souvent, il a fallu plusieurs événements successifs pour qu'elle atteigne ce point de rupture, c'est-à-dire le moment où les stratégies d'adaptation qui servent habituellement de protection se trouvent débordées.

On remarquera que les événements cités n'impliquent pas la responsabilité de cette femme. Anna n'a pas choisi d'être prise dans la guerre d'Algérie. Elle n'a pas choisi son employeur : ce poste, c'est ce qui restait sur le marché du travail quand elle s'est présentée, à plus de 50 ans, pour un nouvel emploi. A-t-elle choisi son mari ? Certes, mais rien ne permettait de dire que ce n'était pas un bon choix au moment où elle l'a fait : le début du mariage fut heureux...

Nous sommes là devant un scénario de vie où l'environnement semble avoir une part considérable : c'est la répétition des événements qui constitue l'élément déterminant, même si l'existence d'une vulnérabilité cachée, accrue avec l'âge et la solitude, ne peut être complètement exclue.

Les grands thèmes

La liste qui suit comporte les principaux scénarios. Les situations peuvent vous sembler banales ; ce qui ne l'est pas, c'est leur fréquence, leur répétition et le fait qu'elles n'entraînent pas la mise en œuvre de mécanismes de défense ou de désengagement, comme si la personne prise dans son scénario n'apprenait rien de l'expérience.

Au travail

— L'ambition professionnelle qui se heurte aux mêmes conflits.
— L'incapacité à rebondir après un échec professionnel.
— Les conflits répétés avec les collègues sans raison ou sans grande raison objective.
— L'incapacité à se dégager d'une situation pénible.
— L'incapacité à accepter la réussite sans angoisse ni dévalorisation personnelle.
— La peur du contact avec les autres.
— L'inhibition de l'action.
— L'épuisement, la perte de plaisir, l'impression que la « source est tarie » (*burn out*).

Sexe et sentiments

— Les mariages suivis de divorces et de remariages, eux-mêmes suivis de divorces…
— La recherche incessante, et sans cesse déçue, de l'amour parfait.
— La sexualité à répétition sans satisfaction et sans amour.

— Le rejet par les partenaires successifs pour des raisons identiques.
— Le choix de partenaires aux caractéristiques semblables, mais toujours insatisfaisants.
— Le rejet de partenaires qui s'effectue de manière répétitive et stéréotypée.
— L'incapacité à faire un choix ou à prendre une décision.

Les traumatismes

— Les traumatismes psychologiques répétés.
— Les traumatismes physiques à répétition.
— L'incapacité à prendre de la distance par rapport à un traumatisme.

Les conduites impulsives et à risque

— La violence et l'agressivité répétées.
— La prise régulière et incontrôlée de drogues ou d'alcool.
— Les accidents de voiture à répétition.

LA POURSUITE DU MALHEUR

Quelles que soient les touches personnelles apportées, un scénario de vie s'inscrit dans un registre dramatique, parfois tragique. On est plus proche du film noir que de la comédie légère. L'existence apparaît sous les couleurs sombres de l'échec et du malheur.

Échec et frustration

Ce qu'il y a de plus spécifique dans les scénarios de vie, c'est la perception pénible de ne pouvoir se réaliser pleinement, d'être limité non seulement par les obstacles de la vie, mais aussi par un trouble intérieur qui se laisse mal définir.

C'est le fameux « malaise au niveau du vécu » ou le « quelque part, quelque chose ne va pas ». Ce sentiment d'échec et de frustration peut être lui-même à l'origine d'états dépressifs ou anxieux.

L'éclipse des émotions

La dépression est un état stable (au moins quinze jours) dominé par la tristesse et la perte de la capacité à éprouver du plaisir. La dépression se traduit avant tout par l'expression verbale et non verbale de sentiments tristes. Le sommeil est augmenté ou diminué ; l'appétit augmenté ou diminué. Il existe souvent une perte de la libido et une chute de l'énergie. Les comportements actifs et productifs sont réduits alors que les comportements passifs et improductifs sont accrus. Les contacts sociaux sont le plus souvent rares, voire inexistants. Les pensées traduisent la perte d'estime de soi, l'indécision, le pessimisme ou le franc désespoir sans raison objective.

Trop de soucis

L'anxiété est faite de soucis injustifiés relatifs à l'existence quotidienne : la famille, l'argent, le travail, la santé, sont la source de préoccupations constantes et infondées. Cette inquiétude mobilise toute l'énergie et empêche d'affronter les situations de la vie. Le versant physique de l'anxiété correspond à des manifestations de tension dans les différents groupes musculaires, à l'accélération cardiaque et respiratoire et à une attitude qui traduit une vigilance excessive. La caractéristique physique principale de l'anxiété, l'inquiétude, se lit sur le visage, tendu, et s'entend dans les soupirs.

Une vie sans qualité ?

La qualité de vie est une notion récente qui s'est dégagée peu à peu de l'étude des symptômes physiques et psychiques pour porter de manière plus précise sur le bonheur. Globalement, elle peut se définir comme la satisfaction de vivre, avec des sentiments de joie et de plaisir. Les scénarios de vie ont précisément pour conséquence d'altérer cette qualité de vie par leurs effets négatifs sur les émotions, la détérioration des relations professionnelles ou conjugales qu'ils entraînent et le sentiment d'échec personnel qui en résulte.

SILENCE ! ON TOURNE !

À l'inverse du malaise ou des sentiments négatifs éprouvés, le scénario de vie est rarement clairement perçu par celui qui le subit. La dépression et l'anxiété, quand elles surviennent, ne favorisent pas la prise de distance et l'analyse du problème. Même si la personne se rend compte qu'il y a quelque chose d'inadéquat dans son fonctionnement, elle a du mal à donner un sens global à ses difficultés et à sa vie. Et quand il arrive qu'elle voie le piège, c'est la porte de sortie qui n'est pas trouvée.

Le piège s'est refermé

Certaines situations peuvent bloquer toute évolution et assurer la fermeture du scénario de vie.

— Il faudrait quitter des personnes chères, un groupe social, un lieu de travail, etc. La peur de ressentir des émotions douloureuses et, en particulier, des émotions liées à la séparation empêche alors de sortir du piège. Se séparer, abandonner une partie de soi, passer pour un traître sont, il est vrai, des situations difficiles à affronter. Renier un engagement passé ou reconnaître ses erreurs est pénible à vivre, même si on sait que c'est la meilleure solution à long terme.

— On subit une contrainte liée aux circonstances économiques. C'est ce qu'on observe notamment chez les personnes victimes de harcèlement professionnel. Comme elles ont peur de perdre leur travail, elles sacrifient leur intégrité morale et psychologique au lieu de faire la seule chose vraiment efficace : attaquer en justice leur harceleur. Mais l'argent sert aussi parfois de prétexte à rester piégé : une personne harcelée peut avoir intériorisé la violence qui lui est faite et éviter la porte de sortie en raison d'une mauvaise image d'elle-même et d'un faible niveau d'affirmation de soi. Et les harceleurs ne manquent ni de sens psychologique ni de perversité.

— Une mauvaise estime de soi prive de toute liberté d'action. Le sentiment de dévalorisation est souvent le loquet qui ferme la cage. Parfois, des femmes battues préservent pour cette raison la relation qu'elles ont avec l'homme qui abuse d'elles. Plus subtilement, une personne timide et mal affirmée peut se laisser exploiter en échange d'une amitié, de quelques compliments ou de la sécurité d'une relation stable.

— On vit dans une dépendance ancienne et abusive. Une mère peut, en traitant sa fille devenue adulte comme une enfant, la maintenir toute sa vie dans un statut de dépendance complète ; la fille, à la mort de sa mère, sera incapable d'autonomie. La dépendance créée ne peut s'expliquer uniquement par le caractère abusif de la mère : l'acceptation de la dépendance par la fille joue également.

— On se croit à tort persécuté. La personne n'a aucune conscience du fait qu'elle provoque elle-même des rétorsions agressives de la part des autres par sa méfiance ou ses attaques systématiques. Ces scénarios sont des scénarios de type persécuté/persécuteur : celui qui se vit comme le persécuté est, en réalité, le persécuteur. Ce sont les scénarios les plus difficiles à définir clairement, et surtout à modifier, surtout lorsqu'ils ont lieu dans un climat de rivalité professionnelle ou d'enjeux de pouvoir.

Impossible de faire autrement...

La propension à répéter le même scénario sans pouvoir s'en libérer peut aussi résulter de l'incapacité à différer ou à inhiber un comportement ou une pensée face à une situation. C'est ce qu'on nomme l'impulsivité avec passages à l'acte ; en tant que dimension stable de la personnalité, celle-ci peut être à l'origine de scénarios de vie particulièrement répétitifs.

Histoire de Benjamin : Coups de tête

Benjamin a 38 ans. Il est athlétique, et son marcel révèle des bras couverts de tatouages. Il vient consulter pour des poussées d'agressivité qui ont lieu cinq à six fois par an. La police a dû intervenir à plusieurs reprises.

Ses accès de violence visent différentes personnes. D'abord, sa femme à qui il a déjà mis un couteau sous la gorge pendant une dizaine de minutes parce qu'elle lui avait fait des reproches. Ensuite, ses collègues sur les chantiers où il travaille, quand ils le poussent à bout. Enfin, les « petites frappes » qui rôdent dans le quartier.

Dans ses antécédents, on note un épisode méningé dû à un virus vers l'âge de 16 ans, mais les bilans neurologiques sont négatifs. Il a eu une enfance calme, entre deux parents décrits comme anxieux. Sa mère a été traitée pour des problèmes mêlant anxiété et impulsivité.

À l'adolescence, vers 13-14 ans, Benjamin a commencé à se battre avec les autres enfants. « J'en avais marre de subir », dit-il. Depuis, son incapacité à se contrôler se manifeste dès qu'il rencontre un opposant, c'est-à-dire « quelqu'un qui insiste et revient à la charge ». Alors, il devient brutal : « C'est plus fort que moi. » Une fois la crise passée, il se sent coupable, déprime, éprouve du remords et se met à redouter les conséquences de ses actes.

Les troubles du comportement ont véritablement démarré un peu plus tard, lors du service militaire. Sur un an de service, il a fait six mois de prison : « Je partais sans permission, on m'étiquetait déserteur. »

Cette violence et ces comportements antisociaux contrastent avec une très grande rigidité morale. Mais c'est une morale toute personnelle. Pour Benjamin, il y a, d'un côté, ceux qui se comportent correctement et, de l'autre, ceux qui enfreignent les lois ou simplement le poussent à bout.

Il a bien essayé de canaliser sa violence par la boxe française et le full-contact ; il y a surtout appris des moyens pour imposer son point de vue... Pourtant, son entourage parle de lui comme d'« une bonne pomme », car il est très généreux. Ses capacités de travail comme artisan sont appréciées de tous, il gagne bien sa vie et met de l'argent de côté pour ses enfants.

Une analyse plus attentive des scénarios de crise montre que ceux-ci sont précédés de manifestations psychologiques. Tout d'abord, des pensées : il lui arrive souvent d'imaginer que ses enfants pourraient se faire agresser ou enlever par des pédophiles, même si rien, dans la banlieue agitée où il vit, ne lui permet de conclure à la réalité d'une telle menace. Surviennent aussi des émotions, en particulier des épisodes d'anxiété nocturne, lesquels précèdent les réactions violentes. Benjamin entame alors des périodes de plusieurs semaines d'anxiété permanente sans raison précise. Il n'abuse ni d'alcool ni de drogue.

Benjamin est fatigué de subir ce scénario qui se déroule de façon stéréotypée et il redoute que sa violence ne le conduise un jour à des actes très graves et à la prison. Il présente ce que les classifications psychiatriques ont identifié sous le terme de « trouble explosif intermittent », avec des traits de personnalité antisociale [(1)]. On remarque, en particulier, chez lui une oscillation instable entre des épisodes anxieux et des épisodes violents.

Impossible de faire quoi que ce soit...

L'inhibition de l'action peut résulter de ce que la personne ne comprend pas ce qui lui arrive et qu'elle est incapable de déchiffrer le sens de son histoire. Il peut s'agir, aussi, d'une manière de faire un pacte avec l'entourage, pour conserver à tout prix de bonnes relations au détriment de soi-même. Une autre raison peut provenir de ce que la personne est soumise à une situation qui a provoqué chez elle une réponse de stress.

Le stress est une réponse non spécifique de l'organisme aux exigences de l'environnement. Cette réponse évolue en trois phases : une phase d'alarme, une phase de résistance et une phase d'épuisement avec des conséquences à la fois psychologiques et physiques [(2)]. Une contrainte sociale, quelle qu'en soit la forme, peut provoquer une réponse de stress qui renvoie à la réponse de fuite ou d'attaque qui favorisait la survie aux débuts de l'humanité. Mais la contrainte sociale interdira d'attaquer, et la fuite ne sera pas toujours possible.

Dans les phases d'alarme et de résistance, la sécrétion trop importante de cortisol, hormone du stress, peut atteindre les fonctions cognitives supérieures comme l'attention et la mémoire, et de ce fait modifier la pensée logique et l'efficacité dans la résolution d'un problème. À la phase d'épuisement, la faillite des ressources hormonales peut conduire à un état de passivité : la personne n'a plus les moyens biologiques de fuir ou d'attaquer.

LA VIE EST-ELLE UN FILM ?

« L'homme retourne au péché comme le chien à son vomissement », peut-on lire dans la Bible. Sans aborder les aspects théologiques contenus dans cette affirmation, disons que l'image rend bien compte du vécu de ceux qui sont pris dans un scénario de vie, qui en souffrent : ils répètent jusqu'à la nausée ce qu'ils devraient éviter de faire.

Toutes les histoires ne sont pas aussi extrêmes que celles que nous avons rapportées ici. Mais tout scénario de vie est fondé sur la construction de la répétition, comme au cinéma. Certes, la vie n'est pas un film, mais les scénarios de vie répètent les scénarios de films, tout comme les scénarios de films s'inspirent des scénarios de vie. Allons donc au cinéma pour y voir représentée la trame de nos vies.

Chapitre II

Scénarios de vie et scénarios de films

« Un écrivain déforme les faits
pour créer une fiction, et transforme
la fiction en vérité. »

Edward ALBEE.

Un producteur américain célèbre des années 1930, Harry Cohn, qui n'était pas un modèle de raffinement, avait coutume de dire : « Un bon film est un film qu'on peut voir sans avoir mal aux fesses. » Jean Gabin, plus stylé, affirmait : « Un bon film, c'est une bonne histoire, une bonne histoire et une bonne histoire. »

L'étude des scénarios de films, de leur construction et des thèmes qu'ils traitent constitue une approche originale de la psychologie individuelle et collective qui peut, comme nous allons le voir, aider à mieux comprendre les scénarios de vie de chacun. Chaque récit cinématographique est la représentation d'un conflit psychologique et l'histoire d'une contradiction : le bonheur n'est pas un bon sujet. En cela, psychologie, psychiatrie et cinéma se rejoignent.

COMMENT S'ÉCRIVENT LES (BONS) SCÉNARIOS ?

Il existe des règles précises pour écrire un bon scénario ; une abondante littérature en rend compte. Le travail initial a été celui de Propp [13] sur les contes russes. Des ouvrages plus récents [2, 6, 7, 8, 12] ont tenté de définir la structure d'un récit cinématographique efficace. Le modèle d'analyse des récits le plus utilisé actuellement est celui de Greimas [12].

Qui est qui ? Qui fait quoi ?

Greimas propose de distinguer dans tout récit six domaines d'action. Il ne s'agit pas à proprement parler de personnages mais de fonctions qui permettent à une histoire de se dérouler. Le même personnage peut changer de fonction, et plusieurs personnages occuper la même fonction.

L'analyse fonctionnelle des récits

1. Le destinateur : confie une mission au sujet.
2. Le sujet : désire l'objet.
3. L'objet : est désiré par le sujet.
4. L'opposant : va contrarier le désir du sujet.
5. L'adjuvant : va aider le sujet.
6. Le destinataire : représente le système de valeurs auquel se réfèrent le destinateur et le sujet.

Le modèle ci-dessus peut vous paraître abstrait, mais vous allez voir qu'appliqué à la série des James Bond, que tout le monde connaît, il prend tout de suite corps.

Les aventures de l'agent 007

1. Le destinateur, c'est « M », le chef des services secrets britanniques. Il donne à Bond une mission : traquer le « Smersh », comploteur paranoïaque, maître chanteur tentaculaire et tout-puissant.
2. Le sujet, c'est Bond. Il est forcé d'accepter la mission.
3. L'objet, ce sont toutes les jolies femmes qui sont désirées par Bond au cours de sa mission.
4. L'opposant, le « Smersh », va essayer d'éliminer Bond en lui envoyant des jolies femmes qui vont le séduire, avant de tenter de le tuer ou de l'emprisonner. Signalons, au passage, que le premier opposant de la série n'était pas le « Smersh », mais le bien nommé Docteur No.
5. L'adjuvant ou allié : une de ces femmes va sauver la vie de James Bond, car elle tombe amoureuse de lui. Un autre adjuvant est Q, l'homme qui construit des gadgets qui manifestent la suprématie technologique de l'Occident, qui vont aider Bond dans sa croisade contre le Mal. Q représente une bonne fée qui prête sa baguette magique au héros.
6. Le destinataire : la couronne d'Angleterre, la reine et le monde occidental : leurs valeurs sont en péril.

Au service de Sa Majesté

Ce qui fait fonctionner les scénarios des James Bond, et ils sont tous construits sur le schéma que nous venons de présenter, c'est avant tout le désir du héros pour les jolies femmes, son potentiel de séduction et sa virilité toujours en état de grâce. Mais ce qui active l'intrigue, c'est avant tout les conflits avec l'opposant au sujet de la mission dont le destinataire final est la reine (ou la Dame de fer qui apparaît dans *Rien que pour vos yeux*).

Au service de Sa Majesté, Bond devra différer son désir, franchir les obstacles et déjouer les pièges de la séduction, pour dompter le mal. Il recevra sa récompense du destinataire qui l'approuve pour sa bonne conduite : quelques jours de vacances avec une créature de rêve. Notons que l'agent 007 est un roturier très mal élevé : on ne compte plus les « double entendre » parfaitement salaces qui émaillent ses propos, surtout en VO. Dépourvu de bonnes manières, comme de titres de noblesse, il occupe une place fondamentale dans la mythologie aristocratique anglaise, celle de l'écuyer séducteur de nobles dames. Qu'on songe à la légende de Tristan qui séduit la princesse Iseut ou aux récentes aventures des Windsor... Si Bond apprend à se tenir et fait un bon mariage, il sera sans doute anobli. Et, effectivement, dans la parodie *Casino Royale*, il est devenu un aristocrate maniéré, snob et quelque peu ennuyeux : sir James Bond.

Bond, comme tout héros positif, ignore le doute et les contradictions et, de ce fait, manque de profondeur psychologique, mais cette superficialité est une fonction nécessaire au récit. Il est le héros d'un monde manichéen où le bien affronte le mal ; le méchant est souvent l'allié objectif de l'ex-URSS et présente des particularités raciales et physiques qui l'obligent à compenser son infériorité en développant des capacités scientifiques de premier plan, mais aussi une habileté à gagner de l'argent et à construire un réseau mondial destiné à prendre le pouvoir [(9)].

Plus qu'au complot international, l'image de l'opposant, souvent infirme, et de son sbire, un tueur difforme, énorme et inébranlable, renvoie à un archétype de la fiction romanesque médiévale : celle de saint Georges dépêchant le Dragon vers un Enfer bien mérité. Il ne faut pas être surpris du succès de cette série aussi bien auprès du grand public que des « intellos », car elle a su moderniser un très vieux mythe, dont tous les épisodes sont attendus comme dans les contes de notre enfance.

La fonction psychologique des scénarios

Dans les récits bondesques, trois fonctions sont donc réellement importantes : celles du sujet, de l'opposant et du destinataire. Sans elles, le récit ne saurait se dérouler. Et l'histoire de Bond est celle de tout individu qui doit négocier ses désirs en fonction de la réalité et du système de valeurs où il a été élevé. Il ne doit exercer la violence que pour le bien et sur commande : il a le droit de tuer (*License to Kill* est le titre d'un des épisodes). Autrement, il doit développer des stratégies d'adaptation qui tiennent compte aussi bien des impératifs sociaux que de la réalité.

Le modèle de Greimas s'applique au conte de fées ou au roman de chevalerie dont James Bond est l'avatar moderne ; plus largement, il permet de comprendre la structure de tous les récits fictifs ; plus largement encore, il nous semble qu'il peut aider à mieux comprendre les histoires qui sortent du cadre strict de la fiction et, au premier chef, les scénarios de vie. Nombre de scénarios de vie manifestent le piège où chacun de nous peut, de lui-même, se laisser prendre : ce sont des histoires où le sujet est lui-même son propre opposant.

Joueurs et jeux de cons

Partons de l'exemple d'un roman : *Le Joueur* de Dostoïevski, souvent porté à l'écran. J'utiliserai ici le scénario du film de Robert Siodmak, *Passion fatale* (1949), interprété par Gregory Peck et Ava Gardner, qui s'inspire librement du roman de Dostoïevski et de la vie de ce dernier.

Le scénario du *Joueur*

Au XIXe siècle, à Wiesbaden, ville d'eau pourvue d'un casino, un jeune écrivain pauvre (sujet) désire une jeune femme idéalement belle (objet), laquelle est la fille d'un général endetté à la recherche d'un bailleur de fonds (destinateur).

Pour séduire la jeune fille, le jeune homme joue au casino et gagne une énorme somme d'argent, grâce à laquelle il peut éponger les dettes de son futur beau-père. Le directeur du casino (opposant) lui conseille alors de placer ses gains dans le coffre du casino pour la nuit.

Le lendemain, le jeune homme revient chercher son argent, il tente un dernier banco et perd tout. Il accuse le directeur du casino de malhonnêteté, tout en sachant qu'il est le principal responsable (il est devenu à lui-même son propre « opposant »).

La tante richissime de la jeune fille, dont la famille attend l'héritage avec impatience, vient à Wiesbaden et l'on pense qu'elle va pouvoir régler le problème financier (adjuvant), et permettre au jeune homme d'épouser la jeune fille, mais elle meurt après avoir perdu sa fortune sur un banco (opposant).

Le jeune homme (opposant) devient un « flambeur », qui ne vit que pour jouer. Il entame une descente aux enfers qui le conduit aux portes du meurtre et du suicide, jusqu'au jour où il retrouve le chemin de la religion (destinataire) et peut reconquérir le cœur de la jeune fille.

On se trouve devant de ce que les théoriciens du scénario appellent, en anglais, *idiot plot* et, en français, « intrigue idiote » ou « jeu de cons » [(7)] : un personnage effectue une action illogique, stupide, invraisemblable mais nécessaire à la poursuite de l'intrigue. Un autre scénario idiot peut consister à arriver à la tombée de la nuit dans le château de Dracula et à accepter son hospitalité, ou bien à descendre dans un motel sinistre où il y a des oiseaux empaillés, comme dans *Psychose*. Cependant, le scénario idiot ne l'est pas tant que cela : il témoigne de l'absence de jugement rationnel des personnages. Et le point par lequel l'irrationalité entre dans le récit est aussi le point par lequel le récit rejoint la vie.

L'être humain n'étant pas toujours rationnel, dans la vie de tous les jours, chacun peut avoir un comportement à risque qui entraînera un scénario catastrophe. Par exemple : prendre un auto-stoppeur suspect ; accepter l'invitation d'une personne séduisante mais inconnue ; rouler à 180 km/h et changer la cassette dans l'autoradio ; ne pas se protéger contre le sida lors d'un premier rapport sexuel, etc. Toutes les circonstances que je viens de citer proviennent du récit de personnes qui avaient subi un traumatisme résultant de la mise en acte d'un « scénario idiot », dont elles se sentaient responsables.

Si on en revient au scénario de *Passion fatale*, ne pas empocher ses gains au jeu et fuir le casino est une action nécessaire au bon déroulement du scénario en même temps qu'une action stupide. Mais, dans ce cas, les scénarios de vie des joueurs pathologiques sont idiots. Comme me le disait une joueuse pathologique, « au petit matin, lorsque le bus du casino nous ramène en ville, on se jure tous de ne jamais retourner à ce jeu de cons. Et tous les soirs, je retrouve les mêmes personnes ». Au bout du compte, un scénario de vie idiot est un scénario où une personne (sujet) est à elle-même son propre adversaire (opposant). Cela arrive souvent, et cela pourrait arriver à n'importe qui...

Le point aveugle : comédie et tragédie

De même que la rétine de chaque œil présente un point aveugle, nous avons du mal à percevoir nos propres motivations, ce qui peut nous conduire à des impasses tragiques ou à des situations comiques. La vie serait-elle un *Dîner de cons* (1997), où chacun jouerait, tour à tour, le rôle de l'invité et de l'hôte ?

Comme pour beaucoup de films comiques, le ressort du scénario de Francis Weber est l'aveuglement des différents personnages, pas seulement du con désigné, mais de tous les personnages qui ne voient pas leur propre connerie. Celle-ci n'est compréhensible que par les spectateurs qui, eux, voient les ficelles et qui, de ce fait, peuvent penser, en toute bonne foi, qu'ils sont plus intelligents que les personnages du film. Ce que va démentir la morale du film...

Les scénarios tragiques utilisent le même procédé. Le héros n'est pas présenté comme un homme stupide mais comme quelqu'un d'aveuglé par ses passions, ce qui, en termes d'efficacité dramatique, revient au même. La tragédie classique nous raconte l'amour obsédant d'une Phèdre abandonnée et vieillissante pour son beau-fils ou le sadisme naissant de Néron dans *Britannicus*. Cette dérive peut se retrouver dans le vers de Racine : « Je me livre en aveugle au destin qui m'entraîne. »

L'organisation du scénario

Tout scénario cinématographique est construit suivant un mouvement identique que l'on retrouve dans toutes les œuvres [(12)]. Cette structure commune est en trois parties, ou actes, avec deux articulations dramatiques.

La construction des scénarios

1. Début : exposition, ou acte I

PREMIÈRE CHARNIÈRE DRAMATIQUE

2. Milieu : nœud de l'intrigue, ou acte II

SECONDE CHARNIÈRE DRAMATIQUE

3. Fin : dénouement, ou acte III

La meilleure façon d'écrire un scénario est de commencer par la fin, c'est-à-dire le dénouement qui donne sa « morale » à l'histoire, après une ultime péripétie. Au deuxième acte, le héros est en général confronté à un problème qui semble impossible à résoudre, il a une « pelote » à dénouer. On peut rapprocher cette pelote du mot anglais *plot*, qui signifie à la fois intrigue, graphique mathématique, schéma, ressort dramatique d'un scénario et conspiration... *Plot* dérive lui-même du mot français « complot », lequel est issu de « com-peloter », littéralement « mettre en pelote » (16).

La charnière dramatique représente un point essentiel qui fait progresser l'histoire. Ainsi, dans *Le Joueur*, la première charnière dramatique est le gain au jeu, suivi de la perte ; la seconde est la mort de la vieille tante à héritage après sa ruine.

Qui raconte l'histoire ?

Il est évident que le narrateur ne dit que ce qu'il veut bien dire et que le récit peut être conduit de différents points de vue. Trois types de points de vue peuvent être utilisés (10).

La focalisation zéro

Le narrateur en sait plus que tous les personnages, il lit leurs pensées. Parfois, il commente l'action et tire la morale de l'histoire. Il a donc le « point de vue de Dieu ». Ce procédé est souvent utilisé dans les films où une voix « off » explique et commente.

Un exemple célèbre est *La Splendeur des Amberson* (1942) d'Orson Welles, où la voix du metteur en scène explique et commente l'action pendant tout le film. La signature de cet observateur omniscient est représentée dans un plan final où l'on voit un micro et où l'on entend la phrase : « Mon nom est Orson Welles. »

La focalisation interne

Le narrateur ne sait que ce que fait ou pense un personnage. C'est ce qui se passe souvent dans les films policiers. Dans la série télévisée *Mike Hammer*, inspirée des romans de Mickey Spillane, le point de vue est celui du célèbre détective privé. Le spectateur n'en sait pas sur le crime plus que le détective : ils vont découvrir ensemble et progressivement le coupable et les motivations.

Entre deux mandales, et un sandwich apporté par une barmaid aux avantages évidents, Mike Hammer nous assène parfois son monologue intérieur : « Quelqu'un, quelque part, avait fait une grossière erreur, il m'avait laissé en vie. » Ou bien : « Les assassins sont pires que les voleurs, car ce qu'ils vous ont pris ne se retrouve jamais. » Ou encore : « Il y a des quartiers où il vaut mieux ne pas promener son chien, sauf s'il est ceinture noire de karaté. »

La focalisation interne peut être variable. Dans ce cas, les comportements et pensées de plusieurs personnages sont représentés. C'est le cas de *La Comtesse aux pieds nus* (1954) de Mankiewicz où la vie d'une star de cinéma, assassinée par son mari, est racontée successivement par son metteur en scène, son attaché de presse et son mari. La même action est ainsi expliquée selon des points de vue subjectifs différents, traduits par des angles de caméra différents.

La focalisation externe

Elle correspond au point de vue « comportementaliste » : toutes les actions sont vues de l'extérieur, sans entrer dans les pensées, les images mentales et les attitudes psychologiques, dans la mesure où elles ne sont pas exprimées verbalement par les personnages. Le début du western

Il était une fois dans l'Ouest (1969), de Sergio représente un bon exemple.

Focalisation externe et interne dans *Il était une fois dans l'Ouest*

Seul le comportement observable d'un groupe de tueurs, qui attend un traître, est montré durant la longue séquence initiale. Tout au long du film, le spectateur ne verra que les comportements essentiellement sadiques des personnages, en particulier ceux d'un tueur nommé Frank, à la solde d'une compagnie de chemin de fer qui tue ou exproprie tous ceux qui gênent sa progression vers l'Ouest.

Cette focalisation externe met en valeur la seule image subjective du film. Il s'agit d'une image traumatique où « l'homme à l'harmonica », alors enfant, soutient sur ses épaules son frère qui va être pendu. Il doit jouer de l'harmonica jusqu'à ce qu'il tombe par terre, ce qui entraînera la pendaison de son frère.

Cette image amenée par la musique, une série de dissonances jouées à l'harmonica, est présentée d'abord de manière subliminale : le spectateur ne comprend pas de quoi il s'agit. Elle n'est complètement révélée qu'à la fin du film, quand l'homme à l'harmonica abat son tortionnaire, qui n'est autre que Frank.

Le point de vue de la vengeance

Le contraste entre la focalisation externe des comportements inexplicables et l'explication de ces mêmes comportements par un dramatique passage en focalisation interne donne sa saveur au film de Sergio Leone et son sens au scénario. Il s'agit d'un scénario de vengeance, comme on peut l'observer en clinique dans le stress posttraumatique.

Chez les personnes qui ont subi un traumatisme important, il n'est pas rare de voir une victime déclencher, à partir d'une image traumatique qui fait sans cesse intrusion dans son esprit, des comportements de revanche violents contre son agresseur. Ces comportements agressifs peuvent aussi être parfois dirigés vers d'autres personnes, qui ne sont pas responsables des blessures psychiques ou physiques.

Le ressort dramatique caché

La focalisation du récit permet au narrateur de masquer les ressorts dramatiques véritables. Ernest Hemingway conseillait à l'apprenti écrivain d'omettre dans son récit un point important, que l'auteur connaît mais que le lecteur ignore, de sorte que l'histoire tourne autour de ce point invisible. Ce procédé stimule la curiosité du lecteur et, donc, son attention, et le met à la recherche de la solution du problème dont une donnée importante est absente. Pour le dire autrement, il cherche à résoudre la dissonance cognitive qui provient de la différence entre ce qu'il voit et ce qu'il ne voit pas, mais peut imaginer.

Un exemple d'application de ce principe est le célèbre roman d'Oscar Wilde, *Le Portrait de Dorian Gray*, porté remarquablement à l'écran par Albert Lewin (1944).

Le Portrait de Dorian Gray

Exposition : Dorian Gray est présenté comme un jeune esthète, riche, brillant et mondain, dont le portrait peint en pleine jeunesse est d'une beauté resplendissante. Il est l'ami très proche d'un aristocrate cynique et séduisant, lord Wotton, qui trouve son portrait si beau qu'il veut l'acheter. Devant lui, il fait le vœu de rester éternellement jeune comme le portrait, et il demande à des statues de divinités égyptiennes, dont il a fait récemment l'acquisition, d'exaucer ce vœu.
Nœud de l'intrigue : Le portrait se dégrade progressivement, et Dorian le cache dans une pièce secrète. Le film suggère que Dorian est un grand pécheur dont les péchés ne peuvent se lire sur son visage mais qui apparaissent

sur son portrait. Dans les faits, il ne nous montre que des peccadilles, des fredaines et, dans des scènes assez prudes, une possible liaison avec une danseuse de cabaret qui se suicide par amour pour lui. Il est suggéré que Dorian mène ensuite une vie encore plus infernale, mais rien ne nous est montré. Dorian Gray ne peut se résoudre à se marier avec la belle Gladys, pour des raisons peu explicites. Il reste identiquement jeune, pendant une vingtaine d'années, car son portrait se détériore pour lui. *Dénouement* : Dorian tue l'homme qui a peint son portrait, car il est sur le point de découvrir son secret. Dégoûté de lui-même, il poignarde le portrait qui est devenu parfaitement ignoble... Et il tombe mort, transpercé par le poignard, alors que le portrait recouvre sa splendide jeunesse.

C'est l'histoire d'un homme qui...

On peut appliquer le schéma de Greimas pour analyser ce récit : le sujet est Dorian qui désire la jeunesse éternelle (objet) ; le destinateur est lord Wotton ; l'adjuvant est le peintre ; l'opposant est Dorian qui détruit son image par son inconduite. Nous sommes donc dans un scénario où les contradictions du héros sont le moteur de l'histoire. Le destinataire est plus difficile à trouver : on peut imaginer que c'est l'art, seul capable de maintenir une jeunesse éternelle.

Le trait de génie de Wilde est dans le coup de théâtre final où le portrait réapparaît dans toute sa splendeur, ce qui est tout à fait bien rendu dans le film qui passe du noir et blanc à la couleur. Le message explicite du récit pourrait sans doute se lire ainsi : « La vie et la beauté sont éphémères, seul l'art dure éternellement. »

Le nœud invisible

Toutefois, l'analyse fonctionnelle du récit ne rend pas compte d'un thème invisible. Jamais, en effet, n'est nommé le problème véritable de Dorian, qui, selon toute vraisemblance, est l'homosexualité. Sous le règne de Victoria, ce problème ne pouvait s'aborder directement, non plus qu'à l'époque où le film a été tourné.

On peut évidemment rapprocher ce récit de la biographie d'Oscar Wilde qui fut condamné pour ses relations homosexuelles avec le fils du marquis de Queensberry. Dans le film, l'amitié avec lord Wotton, qui fait profession de misogynie et admire la beauté de Dorian, semble particulière, bien que rien ne soit dit ni clairement montré.

Toutefois, l'équivoque de la situation apparaîtra sans doute au moins soupçonneux des spectateurs. En effet, le thème central du scénario, à savoir le culte de la beauté masculine éphémère, présente des résonances homosexuelles. Il n'est pas rare de voir des dépressions graves ou des suicides chez certains homosexuels qui ne peuvent supporter de voir l'âge porter atteinte à leur image et à leur capacité de séduire de jeunes gens. Ce thème sous-jacent dans *Le Portrait de Dorian Gray* en fait tout autre chose qu'un remake de l'histoire de *Faust*, hétérosexuel, comme son créateur Goethe.

On retrouve ce problème du thème implicite ou invisible dans les scénarios de vie. Le comportement apparaît répétitif et pris dans le « deuxième acte », sans dénouement possible, car quelque chose qui n'est jamais nommé, ou demeure inconscient, bloque le mouvement du scénario qui fonctionne en boucle sur lui-même. Il faut alors progressivement aider la personne à dévider la pelote jusqu'au bout. À titre d'exemple, je vais présenter en détail un thème de scénario fréquemment rencontré : celui du traître et du héros.

LE THÈME DU TRAÎTRE ET DU HÉROS

Dans ses *Fictions* (3), Borges raconte une histoire immémoriale : « Le thème du traître et du héros ». Cette nouvelle a été portée à l'écran par Bertolucci sous le titre de *La Stratégie de l'araignée* qui se situe en Italie, chez les résistants au fascisme. Pour Borges, c'est une histoire qui est de tous les temps et de tous les pays. Par commodité, il la situe en Irlande.

« Le thème du traître et du héros »

Un groupe de rebelles irlandais en lutte contre le pouvoir anglais découvre qu'il est trahi par l'un des siens. Plutôt que de l'exécuter, ils l'obligent à assumer le rôle d'un héros qui sera utile à la cause.
Le traître doit se rendre au théâtre après avoir prononcé des paroles prémonitoires et historiques destinées à frapper l'imagination. Il est ensuite exécuté, en pleine représentation, par ses compagnons. Après quoi, ceux-ci le font passer pour un héros de l'indépendance irlandaise assassiné par les Anglais.
Les conjurés ont, toutefois, laissé quelques invraisemblances dans leur scénario, notamment des répliques tirées du *Jules César* de Shakespeare. Ils étaient pressés et devaient improviser : ils ont donc suppléé aux défauts de la vie par l'art. Mais cela, aussi, faisait partie de leur plan : plus tard, un observateur attentif de ce récit pourra se rendre compte de la supercherie, découvrir que ces répliques sont des trucages et trouver la vérité.

Fiction ou réalité ?

Nous sommes en pleine fiction littéraire et cinématographique, n'est-ce pas ? Deux récits, l'un issu de la clinique, l'autre de l'histoire de la Seconde Guerre mondiale, vont montrer la vérité de cette fiction.

Histoire de Gérard : Pour dire adieu au camarade Staline

Gérard était venu me consulter pour une phobie du sang et des blessures. Cette phobie s'était améliorée assez rapidement par une thérapie comportementale classique, qui consistait à lui faire imaginer les situations qu'il redoutait. Le simple fait de venir me voir à l'hôpital représentait une exposition progressive à ce qu'il redoutait le plus : la rencontre avec des blessés. Après avoir visionné plusieurs bandes vidéo de technique chirurgicale, aimablement prêtées par un collègue, sa phobie s'était grandement atténuée.

Il put alors aborder d'autres problèmes et, en particulier, une anxiété sociale qui le gênait dans son métier. Il rattachait cette angoisse à un scénario de vie complexe. Fils d'un communiste, héros local de la Résistance mort au combat, il avait lui-même adhéré au Parti avant de prendre ses distances et, finalement, un autre chemin.

Compte tenu de son histoire personnelle, il conservait néanmoins des contacts avec le Parti et une forte adhésion de cœur. Bien que détaché du contexte politique, il travaillait à une thèse sur le parti communiste français dans sa région.

Un jour, il découvrit avec surprise, dans les archives, les jugements négatifs du Parti vis-à-vis de certaines personnes de sa famille, en particulier de son père, qui avaient consacré leur vie entière à la grandeur de la cause. Ces annotations les présentaient comme des personnes peu fiables, qui ne devaient sous aucun prétexte monter dans la hiérarchie.

Je lui proposai alors de lire la nouvelle de Borges et d'y chercher des analogies avec sa propre histoire, afin d'éclairer sa situation vis-à-vis de sa famille. Il découvrit ainsi une vérité cachée qui lui permit de mieux comprendre son scénario de vie fait d'une longue adhésion, puis d'une rupture très pénible avec le Parti. Cela pouvait, au moins en partie, expliquer ses difficultés actuelles avec plusieurs membres de son entourage. Gérard me fit aussi remarquer que la fiction de Borges correspondait point par point à un événement historique véridique : la mort de Kirov, qui avait « trahi » Staline puis été exécuté en secret, avant d'être présenté comme un héros assassiné par des traîtres, car cela servait la bonne cause.

Vérité ou histoire ?

Il est facile de trouver de nombreux exemples du thème du traître et du héros dans l'histoire. En voici un, dont j'ai pu observer les développements récents. J'en ferai le récit sous une forme classiquement ternaire : exposition du thème, nœud de l'intrigue, dénouement.

Biographie d'un personnage historique : Alexis Carrel, cet inconnu

Exposition : une jeunesse française. Il y a un longtemps, je donnais des cours comme assistant à l'unité d'enseignement et de recherche Alexis-Carrel, de la faculté de médecine de Lyon. Je me souviens que la salle d'attente du doyen était ornée de grands panneaux photographiques commémorant les travaux du maître.

Alexis Carrel (1873-1944) était un héros pour les jeunes médecins, car il avait mis au point les cultures de cellules et établi les bases de la chirurgie vasculaire et des greffes d'organes. Une plaquette à sa gloire avait été publiée par une maison d'édition locale. Cependant, tous ses travaux avaient été réalisés à la fondation Rockefeller de New York. Bien que talentueux, il avait été mis à la porte de la faculté de Lyon par son patron qui était un anticlérical militant. En effet, Carrel avait fait partie d'une commission qui avait validé un miracle à Lourdes. Cette entorse privée au scientisme public, alors en vigueur, avait été jugée impardonnable. Il lui avait fallu émigrer aux États-Unis, où ses talents le conduisirent au prix Nobel, sous couleurs américaines, en 1912.

Nœud de l'intrigue : la stratégie de l'araignée. Alexis Carrel était revenu en France après avoir participé à la Première Guerre mondiale. Son principal ouvrage « grand public » *L'Homme, cet inconnu*, publié en 1935 (4), fut un immense succès international. Il avait été encensé par des membres éminents de l'Académie française et de l'académie Goncourt, pour qui ce livre à la fois scientifique et littéraire représentait un événement. En 1940, Carrel devint un des dignitaires du régime de Vichy, dont il représentait une caution scientifique. Il dirigea même « une Fondation française pour l'étude des problèmes humains ».

L'Homme, cet inconnu contient, après une première partie relatant des faits scientifiques établis, une deuxième partie proposant une « Rénovation de l'homme ». Carrel y exprime des thèses valorisant « les hommes supérieurs ». Pour lui, la société est divisée en trois catégories : les hommes supérieurs guides spirituels, scientifiques ou politiques ; les hommes utiles qui représentent une masse laborieuse et obéissante ; et enfin un troisième groupe fait de personnes déficientes ou délinquantes qui représentent un fardeau pour les autres et entravent la marche de l'humanité vers son plein épanouissement. Carrel appelle à la mise en place d'un consistoire mondial de savants destiné à conseiller aussi bien les démocraties que les dictatures, dans le dessein de guider l'humanité selon des principes rationnels.

Un chapitre tout à fait étrange traite de « L'extension de l'individu au-delà des frontières anatomiques ». On y apprend que les grands hommes tels que « César, Napoléon et Mussolini » pourraient communiquer avec les autres par la transmission de pensée, dont Carrel dit qu'il s'agit d'une « donnée immédiate de l'observation ». Plus loin il ajoute : « Entre certains individus et les choses de la nature il y a des relations subtiles et obscures. » Il souligne que la transmission de pensée n'a rien à voir avec des phénomènes physiques, mais représente une extension immatérielle de l'individu dans l'espace.

Dans un autre chapitre, « La construction de l'élite. L'eugénisme volontaire. Une aristocratie héréditaire », il propose des solutions draconiennes pour améliorer l'espèce humaine en éliminant les paysans et les prolétaires des pays les plus primitifs de l'Europe. Dans le chapitre terminal, « Le développement de la personnalité », il propose une solution finale pour vider les prisons, ainsi que les asiles d'aliénés, et traiter définitivement « le problème non résolu de la foule immense des déficients et des criminels ». Ceux qui ne seraient pas « rééducables par le fouet » devraient être éliminés. « Un établissement euthanasique, pourvu de gaz appropriés, permettrait d'en disposer de façon humaine et économique. » Et Carrel de conclure son livre ainsi : « Les systèmes philosophiques et les préjugés sentimentaux doivent disparaître devant cette nécessité. Après tout, c'est le développement de la personnalité humaine qui est le but suprême de la civilisation. »

La mort, survenue en 1944, épargne à Alexis Carrel un procès ; une toile d'araignée se tisse ensuite pour protéger le héros. Des mains pieuses expurgent *L'Homme, cet inconnu* de ses thèses eugéniques. En 1949, un ouvrage posthume de Carrel est publié avec une préface de son épouse ; il s'intitule *Réflexions sur la conduite de la vie* [(5)]. Il tire à quarante-quatre mille exemplaires. Ce livre reprend, à côté de considérations religieuses assez banales, le thème de « l'aristocratie biologique », mais sur un mode mineur, sans proposer de solutions radicales.

En 1950, les diverses éditions de *L'Homme, cet inconnu* atteignent le chiffre en France le chiffre de quatre cent trois mille exemplaires. La version expurgée deviendra au cours de rééditions successives le livre de chevet de plusieurs générations de jeunes médecins et suscitera des vocations. Si bien qu'il sera naturel, à la fin des années 1960, de donner son nom à une unité d'enseignement et de recherche de la faculté de médecine de Lyon. À cette époque, les enseignants qui connaissaient la véritable histoire de Carrel, ou qui avaient eu à souffrir du régime de Vichy, préférèrent, dans un geste d'apaisement, dissocier le savant de l'homme. La médecine lyonnaise avait son héros historique.

Dénouement : les écrits restent. Au début des années 1990, un des dirigeants de l'extrême droite française affirma, dans un discours tonitruant, que les thèses de son parti étaient validées par un grand savant du début du siècle, Alexis Carrel. À cette époque, mis à part le milieu médical lyonnais, tout le monde avait depuis longtemps oublié Alexis Carrel. Remis à l'air du temps, ses livres furent exhumés des bibliothèques, et un certain nombre de vérités apparurent, à la suite d'enquêtes effectuées par les journalistes, les ligues antiracistes et les simples curieux. Comme dans la fiction de Borges, il existait des traces pour reconstruire le véritable scénario : elles étaient dans les bibliothèques familiales ou publiques où l'édition originale de *L'Homme, cet inconnu* sommeillait depuis plus d'un demi-siècle. Une fois le squelette sorti du placard par l'extrême droite, une lutte acharnée entre deux factions s'engagea à l'université, avec les médias pour témoin. Elle aboutit, après un vote, à transformer l'unité de formation et recherche Alexis-Carrel en « unité de formation et recherche Laennec » en 1992. Une rue qui portait le nom de Carrel fut aussi débaptisée. La vie exemplaire et modeste de l'inventaire du stéthoscope ne cache sans doute pas de mauvaise surprise...

L'histoire d'un scénario de vie

Il est facile après coup de porter des jugements moraux sur une époque et une génération. Mais il est surprenant de constater que ce best-seller des années 1930, paré des atours de la science, n'a entraîné ni trop de remous, ni procès, ni interdiction. Nous sommes pourtant en 1935, et le Front populaire sera au pouvoir en France un an plus tard. Nous sommes aussi sept ans avant la mise en place de la solution finale, dont le livre de Carrel représente manifestement un précurseur, sinon un inspirateur.

Si l'on reprend cette biographie, avec le modèle de Greimas, on peut analyser le scénario de vie de Carrel de la manière suivante.

— **Exposition :** le sujet, Alexis Carrel, reçoit une mission dont le destinateur est Dieu. La mission est de faire le bonheur de l'humanité (destinataire) par des moyens physiques — la médecine — tout autant que spirituels — Lourdes. Cette mission le conduit à une carrière scientifique (objet). Sur son chemin, il rencontre un opposant, son patron qui le chasse, et un adjuvant, la fondation Rockefeller, qui lui permet d'obtenir le prix Nobel. Cette revanche éclatante est une première charnière dramatique sous forme de « *success story* ».

— **Nœud de l'intrigue :** Carrel écrit un livre, qui devient un best-seller, où il utilise son aura scientifique pour préconiser des solutions fascisantes. Après sa mort, son œuvre est travestie (adjuvant), pour conserver un héros à son pays. Nobel oblige.

— **Dénouement :** une deuxième charnière dramatique amorce le dénouement : l'extrême droite révèle la vraie pensée du savant, qui tombe dans le discrédit auprès d'une grande partie de la postérité (destinataire).

Le ressort caché : les loyautés divisées

Le ressort dramatique caché est le fait que Carrel est à lui-même son propre opposant : d'un côté, il croit aux valeurs humanistes de la science et à la compassion chrétienne ; de l'autre, il se sert de la science pour proposer un plan systématique de destruction d'une partie de l'humanité. S'il s'était référé au code chrétien, il aurait pu lire dans l'Évangile : « Ce que vous aurez fait au plus petit de ceux-là, c'est à moi que vous l'aurez fait. » S'il s'était référé au code médical, il aurait pu passer le reste de sa vie à chercher des solutions psychologiques ou biologiques pour guérir les « aliénés » et réhabiliter les délinquants.

Le ressort caché du scénario s'explique sans doute par l'image inflationniste que le savant a de lui-même après son Nobel. Malgré la modestie apparente de son style, Carrel se considère manifestement comme faisant partie des hommes supérieurs et des guides de l'humanité. Bien qu'il soit difficile de faire un diagnostic sur seulement des écrits, Carrel est sans doute, à ce moment de sa vie, aux frontières de la paranoïa. La croyance à la transmission immatérielle des pensées en est le marqueur clinique, et l'appel à la violence vis-à-vis des malades mentaux pourrait s'interpréter comme une manière absolue d'affirmer sa propre normalité. Il pourrait donc s'agir du mécanisme psychologique défensif de la projection. Le fou, l'agresseur, c'est l'autre, ce que l'on retrouve habituellement dans les personnalités paranoïaques

À partir de ce moment, Carrel va adhérer aux thèses fascistes, sans doute guidé par son épouse, que les historiens de cette époque désignent comme un membre influent de l'organisation secrète d'extrême droite la « Cagoule »(1). Il se trouve pris dans un problème de loyautés divisées : faire le bien de l'humanité en tuant des hommes, ce qui revient à nier les valeurs qui étaient à l'origine de sa mission.

La personnalité de Carrel semble, alors, s'être morcelée, mais nous manquons de documents pour dire quand s'est situé le point de rupture où la compassion s'est transformée en son contraire : l'apologie de la violence institutionnelle vis-à-vis des faibles et des malades mentaux. Finalement, le « destinataire », à savoir l'humanité, la postérité, ou le conseil de Faculté, ne pouvait, lui aussi, que se diviser, ne sachant plus si Carrel était un savant aux découvertes capitales ou un idéologue fasciste : un traître ou un héros.

LA MORALE DE L'HISTOIRE

La morale que l'on peut tirer de la biographie d'Alexis Carrel pourrait être : « science sans conscience n'est que ruine de l'âme » ou « si l'on ne contrôle pas la volonté de puissance des scientifiques, l'homme sera détruit ». Comme on peut tirer une morale de chaque vie, chaque film propose une morale. On peut l'appeler proposition dramatique, message, ou bien valeurs du film. Il s'agit surtout de nouvelles règles pour jouer le jeu de la vie. La morale peut être laissée à l'interprétation que le spectateur peut faire du film, mais en général l'auteur explicite son choix de manière plus ou moins discrète.

La morale est parfois donnée dans le titre. Par exemple : *On ne vit que deux fois*, *Les amoureux sont seuls au monde*, *Le bonheur est dans le pré*, *Autant en emporte le vent*, *Écrit sur du vent*. Plus souvent, la morale est énoncée par un personnage. Ainsi se présente la fin du *Faucon maltais* (1941), classique film policier de John Huston.

Le Faucon maltais

Il raconte l'histoire d'une dizaine de personnes qui s'entretuent pour la possession d'un faucon en diamant (objet). Le « privé » Sam Spade (sujet) doit venger son associé (destinateur) qui a été tué lors d'une enquête sur cette affaire. Au cours de son enquête, il doit affronter un groupe de gangsters, et une femme fatale, Birgid, qui

cherche à le séduire (opposants). Tous veulent s'emparer du faucon. Malgré ses sentiments, il livre Birgid à la police (adjuvant), car elle a tué son associé et parce qu'il ne peut trahir le code de l'honneur des « privés » (destinataire). Finalement, le faucon n'est pas en diamant mais en plâtre. Dans la dernière séquence, un policier désigne le faucon et demande au détective Sam Spade (joué par Bogart) : « Qu'est-ce que c'est ? » Bogart marmonne : « L'étoffe dont sont faits les rêves. » Cette dernière réplique, d'ailleurs empruntée à *La Tempête* de Shakespeare, est parfaitement en situation car elle montre que le faucon, enjeu apparent de l'histoire, n'est qu'un leurre pour ceux qui le poursuivent. Mais le faucon est aussi, pour le metteur en scène, un prétexte pour montrer la réaction chimique et l'évolution de plusieurs personnalités : la duplicité de Birgid, la cupidité ou la brutalité des autres personnages qui agissent en fonction de leurs rêves personnels de richesse et de puissance, alors que Spade, lui, se conforme à une règle de morale et abandonne ses propres rêves d'amour romantique.
Souvent une voix off, à la fin du film, en tire la leçon. Un bon exemple est *La Discrète* (1990) de Christian Vincent, version moderne des *Liaisons dangereuses* de Choderlos de Laclos.

La Discrète, ou l'autre moitié

Ce film raconte l'histoire d'un homme très narcissique (sujet) qui séduit une jeune femme (objet) pour écrire un livre (destinataire) sur leur liaison (adjuvant) à la demande de son éditeur (destinateur). En dépit du fait qu'il juge cette fille « immonde » (opposant), la liaison s'établit, et le livre commence à s'écrire. Mais la jeune femme découvre les motivations de l'écrivain et le quitte. Et l'intellectuel se trouve fort malheureux d'être rejeté finalement par une femme qu'il jugeait un peu simple. La morale est : « Lorsqu'on regarde une personne de face, on n'en voit que la moitié. »

SCÉNARIOS DE VIE ET SCÉNARIOS DE FILM : LES TROIS PRINCIPES COMMUNS

Si l'on se concentre essentiellement sur les scénarios de films où le sujet est à lui-même son propre opposant, on peut arriver à une meilleure compréhension des scénarios de vie. Comme le dit le metteur en scène Harry Dawes, dans le film de Mankiewicz, *La Comtesse aux pieds nus* : « Un scénario doit avoir du sens, alors que la vie n'en a pas... Et c'est toujours la vie qui écrit les scénarios les plus lamentables. »

Toutefois, la vie n'est ni un roman ni un film, même si l'art cinématographique imite la vie, et la vie parfois le cinéma. Ce qui est commun, en revanche, à la vie et au cinéma, c'est la structure de base des scénarios. Trois principes communs peuvent ainsi êtres définis : le principe de dramatisation et de destinée ; le principe de masquage du ressort dramatique ; et le principe de dénouement du scénario par une « morale » qui lui donne un sens.

Dramatisation et destinée

Au cinéma

De nombreuses variantes, dans différents types de films, montrent que le thème du sujet opposant de lui-même est traité depuis toujours, en particulier dans les films policiers qui racontent l'histoire d'un engrenage psychologique qui broie le héros.

Tous les scénarios où une femme fatale détruit un homme, qui lutte contre sa passion puis se laisse dériver, relèvent de cette dynamique. Jean-Pierre Melville parle, dans le premier plan du *Cercle rouge* (1970), du cercle fatal où se rencontrent pour leur malheur ceux qui doivent se rencontrer. Cependant, ce fatalisme est fortement mis en doute au dernier plan, car il termine le film sur une remarque du directeur de la police : « Inspecteur Mattei, tous les hommes sont coupables, tous les hommes. »

Dans la vie

Le scénario entraîne des conséquences pénibles ou tragiques pour le sujet qui se trouve pris dans un piège qui est le nœud, ou la pelote, d'une intrigue qu'il ne comprend pas. Le scénario de vie donne au sujet l'impression d'une fatalité, il a le sentiment de perdre le contrôle sur sa propre vie.

Aborder les scénarios de vie en déterminant la part exacte de sa responsabilité personnelle par rapport à d'autres facteurs comme l'environnement social, familial ou la génétique est important : il est généralement possible d'agir sur les facteurs personnels.

Le masquage du ressort dramatique

Au cinéma

Le sens véritable d'un scénario de film ne doit pas apparaître trop clairement. C'est le principe de masquage du ressort de l'intrigue, qui sera révélé au moment du dénouement. Un bon scénario de film ne révèle son véritable sens qu'à la dernière séquence. La fin sera d'autant plus efficace qu'elle était inattendue, car elle lève l'ambiguïté des situations, fixe la psychologie des personnages et résout la contradiction du deuxième acte, où le héros est pris dans un piège dont il ne peut sortir.

En cela, le scénariste fonctionne comme un musicien qui résout une série d'accords dissonants dans un accord de la tonalité voulue et sur un point d'orgue qui maintient les notes de l'accord final aussi longtemps que l'on veut. Ce que font d'ailleurs souvent les musiciens de film.

Dans la vie

Un scénario de vie représente un enchaînement de séquences dont le sens et la logique échappent au sujet, car il inclut dans son organisation même l'impossibilité de véritablement le comprendre et surtout d'y échapper. En ce sens, la personne est coincée dans un perpétuel deuxième acte, et le seul dénouement est la mort parfois souhaitée et recherchée.

Le ressort caché est difficile à exprimer ou à percevoir pour le sujet, car cela activerait chez lui encore plus d'angoisse, de dépression ou de désillusion. Il est plus facile à percevoir pour une personne extérieure ou un thérapeute, qui analyse à froid le schéma central masqué par des péripéties sur lesquelles s'étend indéfiniment le patient, sans repérer le conflit dont elles résultent.

Ce type de scénario correspond souvent à une situation dans laquelle une famille ou un groupe ont falsifié un événement qui reste d'autant plus actif qu'il doit rester caché. C'est ce que l'on observe dans les scénarios d'abus sexuels, les violences familiales cachées ou les adoptions non révélées. Démasquer le ressort caché et enfreindre l'« omerta », et combattre « la stratégie de l'araignée » est important : pour agir dans son propre intérêt, chacun a besoin de connaître et de comprendre le scénario dans lequel il est pris avant la fin de la vie.

La morale positive

Au cinéma

Chaque film tire une morale, qui est soit dans le titre, soit dans l'interprétation que le spectateur peut faire du dénouement. Elle apparaît parfois dans la dernière image ou la dernière réplique. Elle propose souvent au spectateur une maxime qui lui permet de considérer le film et le monde réel d'une manière différente.

Dans la vie

Chaque crise individuelle est une crise de valeur : crise personnelle concernant les choix professionnels, le choix amoureux, la réussite et l'échec, l'estime de soi, la dominance ou la soumission, la capacité de vieillir, de supporter la perte d'une personne importante ou d'aller au-delà d'un traumatisme physique ou psychologique. Tirer la « morale » d'une crise, c'est modifier un ancien schéma cognitif dont le fonctionnement s'est avéré désastreux : autrement dit, changer ses systèmes de croyances et de valeur, et agir autrement.

OÙ EST LE PIÈGE ?

Dans la vie comme au cinéma, les scénarios les plus complexes et les plus intéressants sont ceux où le sujet lui-même est son propre opposant. Cette division interne entraîne une cascade de conséquences où une personne fabrique, sans le vouloir, et parfois sans le savoir, son propre échec. Les exemples que nous avons présentés ici sont issus aussi bien de la fiction cinématographique que de la clinique ou de l'histoire, mais tous montrent la division de la personnalité qui est prise dans son scénario.

Chapitre III

Scénarios de vie et personnalité

La vie est un chemin sur lequel chacun rencontre des événements qui sont autant de défis à ses capacités d'adaptation. En ce sens, les scénarios de vie peuvent être compris comme la traduction des difficultés que rencontre une personne ou une personnalité pour affronter ces défis.

Il est des événements qui dépendent directement de la personnalité : par exemple, une femme choisira systématiquement un partenaire dont elle sait qu'elle ne pourra pas vivre avec lui. D'autres événements vont dépendre avant tout du hasard, comme avoir un accident d'avion ou gagner à la loterie. D'autres encore vont dépendre de facteurs biologiques, ce qu'on nomme le « terrain » ou tempérament : ainsi l'impulsivité, qui est un trait en partie inné, peut-elle pousser à certains faits et gestes [5]. D'autres événements, enfin, vont dépendre tout à la fois d'un choix personnel, du terrain biologique et de l'ironie du sort.

Ainsi, un accident de voiture peut résulter du choix, personnel, de conduire la nuit sous l'emprise de la drogue. Mais le hasard, aussi, est en cause : une autre voiture était là au moment où le feu rouge a été brûlé ; si elle était arrivée une minute plus tôt, rien ne se serait passé. Et certains facteurs biologiques interviennent également si, comme dans notre scénario, le chauffeur toxicomane est un impulsif, à la recherche de sensations : l'impulsivité rend compte, en partie au moins, de sa conduite toxicomaniaque et de son absence de réflexion quant au fait de prendre le volant dans son état... C'est sur ce dernier élément, qui est un trait stable de personnalité, qu'il est possible d'effectuer une prédiction de scénario de vie.

QUAND LA PERSONNALITÉ DEVIENT UN PROBLÈME

La personnalité se définit comme un ensemble stable de comportements, d'émotions et de pensées en réaction à l'environnement, qui caractérisent chaque individu — ce qu'on nommait, autrefois, le caractère. Le terme de tempérament, qui est, lui, toujours utilisé, correspond à l'ensemble des prédispositions innées physiques, qui représentent le socle biologique sur lequel va se développer la personnalité. Sous l'influence à la fois de l'éducation et des événements de vie, la personnalité va s'organiser à la fin de l'adolescence et elle gardera une certaine constance au cours de la vie.

Les problèmes apparaissent quand un individu donné présente des traits notablement exagérés, ou caricaturés, par rapport à ce qu'on observe chez la moyenne des gens, dans une culture donnée. Chez lui, tout est plus accusé, plus stable et, surtout, plus résistant au changement. On parle alors de personnalité difficile, ou, dans le jargon psychiatrique, de personne présentant un trouble de la personnalité [2, 3].

Comment repérer un trouble de la personnalité ?

Des critères consensuels existent aujourd'hui, malgré la difficulté à préciser ce type de problèmes psychologiques [1, 4].

— **Les difficultés relationnelles sont multiples.** Plusieurs domaines sont touchés : l'affectivité, la sensibilité, le contrôle des impulsions, la manière de percevoir ou de penser, les relations avec les autres.

— **Les problèmes sont persistants** : le comportement est enraciné, tout en étant clairement inadapté à des situations interpersonnelles et sociales très variées.

— **Les débuts sont précoces** : les premiers problèmes apparaissent dans l'enfance ou dans l'adolescence.

— **Les conséquences sont importantes**, en particulier la souffrance personnelle, ou celle du milieu où vit la personne. Elles peuvent affecter le fonctionnement professionnel et social.

— **Le problème est relatif à une culture donnée** : c'est une déviation importante par rapport aux normes, règles et contraintes propres à la culture d'origine.

— **Le problème ne résulte pas d'une maladie physique ou d'un trouble psychiatrique** : ce n'est pas un état instable, mais un trait durable de la personnalité.

LE SCÉNARIO DES PERSONNALITÉS DIFFICILES

La classification la plus utilisée actuellement est celle du DSM-4 [1] qui a proposé de différencier douze grands types de personnalités, c'est-à-dire douze grands types de problèmes de personnalité. Seulement dix ont été actuellement validés par les études de terrain et des consensus d'experts. On peut les rassembler en trois groupes.

Les trois grands groupes de personnalités

Groupe A : les personnalités excentriques et bizarres
— Paranoïaque
— Schizoïde
— Schizotypique

Groupe B : les personnalités dramatiques, émotionnelles et désorganisées
— Antisociale
— Limite (état limite)
— Histrionique
— Narcissique

Groupe C : les personnalités anxieuses et peureuses
— Évitante
— Dépendante
— Obsessionnelle-compulsive

À ces trois grands groupes de personnalités peuvent être superposés trois grands types de scénarios de vie.

Les scénarios de mise à distance et de divorce d'avec la réalité

Ce premier type de scénarios correspond aux personnalités excentriques et bizarres du groupe A, qui sont peu fréquentes. Leur problème est essentiellement la logique et l'interprétation de la réalité. En général, ces personnes font preuve d'une pensée qui en est restée au stade magique. Les postulats, sous-jacents à leurs interprétations, sont vrais et indiscutables : « on me persécute », « le monde est mené par des forces étranges », « on envahit ma vie, on veut me rendre fou », etc. Leur positionnement par rapport à autrui est difficile : elles se tiennent à distance et tiennent les

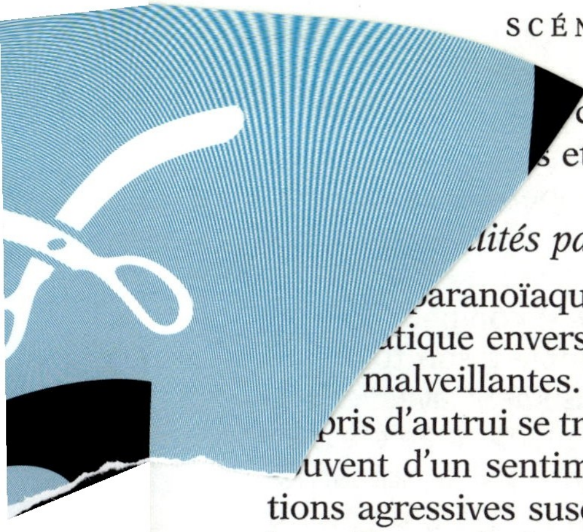

car elles vivent les relations humaines et dangereuses.

…lités paranoïaques

…paranoïaques sont caractérisés par une méfiance …tique envers les autres, qu'ils soupçonnent d'intentions malveillantes. Chez eux, l'agressivité, l'orgueil et le …pris d'autrui se traduisent par des violences qui résultent …uvent d'un sentiment profond de persécution. Les réactions agressives suscitées en retour justifient et renforcent la méfiance de la peronnalité paranoïaque et l'enferment dans un scénario persécuté/persécuteur.

Passage à l'acte : un duo paranoïaque

Le film *Passage à l'acte* (1996) de Francis Girod est l'un des nombreux produits de la psychiatrie à l'écran, mais il sort de l'ordinaire. Les dialogues de l'intrigue, tirée d'un roman de J.-P. Gattegno, *Neutralité malveillante*, ont été faits par un psychanalyste célèbre, Gérard Miller.

Le film raconte l'histoire d'un psychanalyste (Daniel Auteuil) qui reprend un ancien patient (Patrick Timsit) de son patron, lequel vient de mourir dans un étrange accident de voiture. Le patient lui confie qu'il a tué sa femme. Il tue une autre femme, témoin gênant de son meurtre. Et pousse un autre patient au suicide. Petit à petit, il envahit la vie du psychanalyste dont il menace la famille. Il épouse l'une de ses patientes, riche héritière, pour la maltraiter. Jusqu'au moment où le psychanalyste, excédé, le tue et maquille le meurtre en suicide. La patiente est accusée du meurtre de son mari et se suicide, en léguant au psychanalyste une très grosse somme.

Mais le patient a laissé au psychanalyste une vidéocassette où il explique qu'il a organisé ce scénario. Depuis une hospitalisation, il haïssait les psychiatres, qui n'ont rien compris à ses problèmes émotionnels : le deuil d'une toute première épouse, morte, elle, par accident, et qui

l'avait plongé dans un désarroi total et transformé en *serial killer*. Il s'est vengé en démontrant que les psychanalystes sont des gens cupides, incompétents et peuvent facilement devenir des assassins, si on les y pousse progressivement.
Le film se termine par un *happy end*, si l'on peut dire. Le psychanalyste se remarie. Mais il semble à son tour être devenu paranoïaque. Il joue nerveusement avec le chapelet qu'il a pris au patient de la même manière que celui-ci. Ce tic est, d'ailleurs, emprunté par le scénariste au film américain *Ouragan sur le Caine* (1954) d'Edward Dmytryk, où un officier paranoïaque joue avec un boulier.
Il s'agit d'un film astucieux, mais le scénario a des trous. La première invraisemblance est de taille : un médecin ne peut légalement hériter d'un de ses patients. La deuxième est que le psychanalyste n'interpose pas la police, dès qu'il a compris les risques. Il se transforme en policier véreux, qui rend la justice selon ses propres intérêts. Ce qui est bon pour la progression dramatique, mais peu crédible. De même, on voit mal la justice se désintéresser d'un psychiatre qui perd en peu de temps trois de ses patients dans des circonstances étranges...
Il s'agit donc d'un « scénario idiot », mais qui conserve un certain degré de vraisemblance, si l'on admet que le psychanalyste est lui-même plus perturbé qu'il n'en a l'air et fragilisé par un divorce. Surtout, la confrontation des deux acteurs, habités par leurs personnages, rend vraisemblable l'antagonisme persécuté/persécuteur. De même sont remarquablement jouées l'apparente rationalité, la froideur et la logique mortifère de la personnalité paranoïaque.
En appliquant le modèle de Greimas, la structure et le sens du récit apparaissent encore plus clairement. Le Dr Antoine Rivière a reçu une mission de son maître (destinateur) : devenir un psychanalyste compétent, célèbre et riche. Son désir de réussite matérielle (objet) est comblé grâce à son talent et à l'argent que lui donnent ses

patients (adjuvant). Il achète un hôtel particulier, écrit un livre, passe à la télévision. Un ancien patient de son maître commence à détruire sa vie et son image (opposant). Pour s'en débarrasser, il doit se comporter comme lui : devenir un assassin et un manipulateur. Mais le patient qu'il a tué lui fait comprendre que lui (et ses confrères) ont failli à leur véritable mission, qui n'est pas de s'enrichir, mais de témoigner d'un minimum de compassion, de conscience professionnelle et de savoir-faire pratique pour alléger la souffrance humaine. Le destinataire est donc le patient en général et les valeurs de ceux qui font profession de le soigner. Non seulement les psychanalystes, mais tous les « psys » peuvent méditer le message du film, bien qu'il soit délivré par un paranoïaque.

Les personnalités schizoïdes

Elles se manifestent principalement par un détachement des relations sociales. Les personnes schizoïdes ont des émotions appauvries et fuient les autres. Le plus souvent, elles vivent seules et n'ont pas de vie sexuelle. L'autonomie farouche et la recherche de l'isolement sont constantes ; l'intimité et la réciprocité sont fuies. Un schizoïde se voit comme se suffisant à lui-même dans sa solitude. Il a besoin d'espace entre lui et les autres, car les relations proches sont source de confusion. Le message adressé à qui cherche à forcer sa porte est : « Je veux qu'on me laisse seul(e). »

Un cœur en hiver **: un trio**

Le personnage de Stéphane joué par Daniel Auteuil dans *Un cœur en hiver* (1992) de Claude Sautet représente bien toutes les caractéristiques d'une personnalité schizoïde.

L'intrigue a lieu dans le milieu musical parisien entre une jeune violoniste, Camille, et deux luthiers, Stéphane et Maxime qui sont très amis et travaillent ensemble.

Maxime est extraverti, aime la vie et il s'occupe des relations avec les artistes. Stéphane est introverti. Il vit seul et dort près de son atelier, il s'occupe des violons.
Par jeu, Stéphane séduit Camille, qui est la future femme de Maxime, après avoir amélioré le son de son violon. Mais une fois que celle-ci est prête à le suivre, il la rejette. Il est en effet incapable de partager la vie émotionnelle et sexuelle qu'elle attend. Il lui dit qu'il ne ressent rien et ne peut vivre proche d'une autre personne. Il laisse aussi partir, avec un autre homme, une jeune libraire avec qui il a une relation purement amicale. En revanche, son absence d'émotion lui permettra d'effectuer l'euthanasie réclamée par le vieux professeur de violon, qui les a successivement formés tous les trois. Camille retournera avec Maxime, et Stéphane restera seul. Des relations amicales mais toujours plus distantes se rétabliront dans le trio.
On ne peut évidemment résumer l'intérêt de ce film à la seule peinture d'un caractère. Le récit est soutenu par la musique de Ravel : le trio correspond aux scènes où les trois protagonistes sont ensemble. Le blues de la sonate pour piano et violon, qui est joué dans un style plus « hot » que « conservatoire », par Camille correspond à la séduction : et à la tentative avortée de duo. Le trio de Ravel revient à la dernière séquence pour rétablir la distance entre les personnages.
Si on reprend le modèle de Greimas et qu'on l'applique au récit, les relations se clarifient quelque peu. Le sujet, Stéphane, a reçu une mission de son professeur (destinateur), qui a fondé de grands espoirs sur lui : il doit être musicien. Mais il est devenu le propre opposant de ce désir, il s'est jugé incapable émotionnellement de devenir violoniste et se fait luthier. Il désire Camille (objet), et sa profession de luthier (adjuvant) lui permet de l'approcher : il la séduit en améliorant le son de son violon. Mais il se retrouve à nouveau en opposition avec lui-même : il ne peut vivre des émotions que par procuration, à travers la musique des autres.

La musique est le destinataire du film. C'est elle qui unit les personnages. Cela fait du *Cœur en hiv*er autre chose qu'une banale variation sur le thème de l'éternel triangle. Il représente une méditation sur l'art, la solitude et la mort : celle du vieux professeur dépositaire des valeurs des trois protagonistes. Claude Sautet, vieillissant, s'est, sans doute, projeté dans ce personnage.

Les personnalités schizotypiques

Elles sont caractérisées par une gêne aiguë dans les relations proches, par des perceptions étranges, souvent liées à l'occultisme et à la magie, et par des conduites excentriques.

Bienvenue dans le monde étrange d'*X-Files*

Le feuilleton *X-Files* est peuplé d'extra-terrestres et d'expériences sensorielles bizarres, souvent télépathiques, la sensation d'une présence auprès de soi. Le thème central en est la quête de l'étrange et de l'étranger. Le personnage aux croyances schizotypiques est un agent du PBI, rêveur et asexuel, Mulder, à qui est associé une scientifique incrédule, le Dr Scully, qui se laisse petit à petit gagner par le doute.

Les scénarios de vie impulsifs

Ce deuxième type de scénarios correspond aux personnalités dramatiques, émotionnelles et désorganisées du groupe B. Théâtralisme, impulsivité, perte de contrôle et dramatisation en sont les caractéristiques essentielles. L'impulsivité est à son maximum chez les personnalités antisociales et *borderline*.

Les personnalités antisociales

On les rencontre chez des individus qui ont commencé très jeunes par de la petite délinquance ou des actes de violence sur des personnes faibles ou des animaux. À l'âge adulte, elles sont caractérisées par le mépris et la transgression des droits d'autrui. Ce sont souvent des délinquants qui considèrent les autres comme de simples proies qu'ils peuvent utiliser à leur gré et au mépris des lois.

Le Parrain : Le crime et l'honorable société

Les personnages du *Parrain* et de sa famille en donnent un bon exemple. De plus, les trois excellents films, de Francis Ford Coppola montrent l'ambiguïté de cette forme d'antisocialité. Les héros sont dans une lutte permanente pour s'acheter l'image de la respectabilité bourgeoise. Dans le dernier film de la série (*Le Parrain III*, 1990), le Padrino cherche même l'appui du pape. Mais il est rejoint par son destin, et sa fille sera tuée sous ses yeux à la sortie de l'opéra *Cavalleria rusticana*.
Cette recherche paradoxale de conformité par la transgression des lois sonne juste. Le milieu a ses propres règles et ses propres lois, et le sommet de la réussite est la délinquance en col blanc, qui se distingue peu finalement du « *business as usual* ». De même, l'évolution de la personnalité antisociale montre une « normalisation » au-delà de trente ou quarante ans. Elle s'estompe, pour laisser la place à un père tranquille, un conformiste ou parfois à un romancier repenti qui utilise sa vie passée pour écrire des scénarios de romans ou de films, tels José Giovanni, Albert Simonin, Alphonse Boudard ou Papillon.

Le début est en général précoce, vers l'âge de quinze ans. On retrouve très souvent une incapacité à se conformer aux normes sociales ; des comportements illégaux ; des arrestations. Une autre tendance consiste à tromper par profit ou par plaisir, ce qui se traduit par des mensonges répétés, l'utilisation de pseudonymes ou des escroqueries.

L'impulsivité, ou inaptitude à planifier à l'avance, prend la forme de l'irritabilité ou de l'agressivité, dont l'indice est la répétition des bagarres ou des agressions. La personne antisociale présente aussi souvent un mépris inconsidéré pour sa propre sécurité ou pour celle d'autrui. Son irresponsabilité persistante est marquée par une incapacité répétée à assumer un emploi stable ou à honorer des obligations financières. Il n'y a pas de remords, mais de l'indifférence : aucune justification à ses actes n'est recherchée.

Histoire : Le blues du blanc

M. Agénor arrive très tendu. C'est un athlète, qui se tient raide sur sa chaise. Pour commencer, il se lance dans une attaque en règle contre la société en général, car il ne la supporte pas. Il a envie de taper sur les autres. Écouter les informations lui « donne le blues », il ne lit les journaux que pour le tiercé et se révolte contre son entreprise où il est traité comme un chien.

Il dit qu'il doit se « botter le cul » pour aller au boulot. Il vote blanc et « ne gâche pas [ses] dimanches à aller soutenir des politiciens pourris qui sont tous des maquereaux ». Il souffre de deux ulcères à l'estomac, fume régulièrement des joints, consomme un paquet de Camel par jour, boit de l'alcool. Il ne supporte pas toutes ces « minorités raciales » dans sa banlieue.

Un jour, au volant, il a été doublé par une voiture. Furieux, il l'a redoublée et a brandi le pistolet chargé qu'il avait dans sa voiture, pour le « cas où ». Sur le moment, les personnes qui étaient dans la voiture l'ont laissé passer et n'ont rien dit. En fait, il s'agissait d'une voiture banalisée de la police, qui a relevé son numéro. Il est passé au tribunal où il a eu cinq ans de prison avec sursis pour menace à main armée, ce qui, dit-il, lui « a mis un peu de plombs dans la tête ».

En fin d'entretien apparaît un tout autre niveau : celui de la dépression. M. Agénor a fait plusieurs tentatives de suicide, il a eu des réactions dépressives, et il se met à pleurer à l'évocation de la mort de sa grand-mère, il y a deux ans. Il désire sortir à la fois de la dépression et du cercle infernal des répétitions agressives.

*Les personnalités limites (*borderline*)*

Elles se manifestent, avant tout, par l'instabilité de l'humeur, des relations interpersonnelles et de l'image de soi, ainsi que par des affects avec impulsivité. Du coup, les instabilités familiales et sociales sont également importantes. L'impulsivité peut apparaître dans des tentatives de suicide ou d'automutilation, dans l'alcoolisme, la toxicomanie, la boulimie, le jeu pathologique ou les dépenses impulsives. La délinquance — vols et violences diverses — n'est pas rare.

Stables dans l'instabilité, les personnes limites oscillent sans cesse entre enfer et paradis, affection débordante et retrait, dépendance et indépendance, création artistique et sentiment de vide intérieur, volonté de normalisation et marginalité. Il s'agit donc d'un tableau souvent complexe car il reflète les différentes facettes de l'impulsivité qui est le trait psychologique dominant de ces personnes parfois séduisantes et qui ont très souvent inspiré les cinéastes.

De *L'Ange bleu* à *Baise-moi*

Tous les personnages de femmes fatales à l'écran, de *L'Ange bleu* (1929) de von Sternberg à *Baise-moi* (2000) de Virginie Despentes, en passant par *Gilda* (1946) de Charles Vidor, les différentes versions de *Nana*, ou encore une grande partie des rôles joués par la géniale Bette Davis, ont illustré ce type de personnalité impulsive. Ce que montre le cinéma, c'est la relation entre, d'un côté, une femme séductrice, indépendante, capricieuse, suicidaire, manipulatrice et sadique et, de l'autre, un homme généralement dépendant, passionné et qui tombe sous sa coupe pour son malheur. Les variations sont infinies sur ce thème toujours porteur, où la femme est diabolisée

et l'homme présenté comme le toxicomane d'une relation qui va de la lune de miel à la lune de fiel.
Betty Blue, l'héroïne de *37°2 le matin* (1986) de Jean-Jacques Beineix, jouée avec conviction par Béatrice Dalle, en donne une image plus authentique qui permet de comprendre la profonde souffrance de ce type de personne, toujours au bord de la crise de violence, de l'automutilation (elle se crève un œil dans le film) ou de la désagrégation mentale.

Les personnalités histrioniques

Autrefois appelées personnalités hystériques, elles se caractérisent par des réponses émotionnelles excessives, une quête exagérée d'attention et une superficialité dans les relations. Pour ces personnes, le monde est un théâtre et elles doivent être au centre de l'intérêt d'un public admiratif.

Autant en emporte le vent : un quatuor

Les psychologues américains ont décrit le V de Scarlett O'Hara : il s'agit une élévation à la fois des échelles d'hystérie et d'impulsivité dans l'Inventaire de personnalité du Minnesota. En effet, le personnage central du film *Autant en emporte le vent* (1939) de Victor Fleming fonctionne sur le mode hystérique de la première à la dernière bobine.
L'histoire est celle d'une intrigue amoureuse, fascinante et raffinée, entre quatre personnages. L'un des scénaristes du film, Ben Hecht, disait : « *Autant en emporte le vent* est aussi compliqué et absurde que les rêves d'une putain. » Il a pourtant été rêvé et écrit par une petite dame fort convenable, Margaret Mitchell. Comme quoi, tous les rêves se ressemblent...
Si l'on fait abstraction du fond historique, qui est loin d'être négligeable, l'histoire est celle d'un quatuor où personne n'est à sa place. Rhett Butler aime Scarlett qui lui ressemble : ils sont, tous les deux, histrioniques, impulsifs et plutôt mal élevés par rapport à la bonne société.

Scarlett aime Ashley, homme dépendant et assez peu affirmé, à qui elle veut insuffler son désir : elle y arrive presque. Melanie aime Ashley et l'épouse, bien qu'elle ait une secrète connivence et une certaine admiration pour Rhett Butler : l'homme a les qualités machistes, l'énergie et l'absence de scrupules qui font les fondateurs des dynasties aristocratiques. Rhett Butler méprise le caractère de Scarlett, qu'il vient d'épouser, et considère Melanie avec un respect admiratif, qu'elle lui rend par une indulgence constante.
L'histoire s'arrête au moment de la mort de Melanie. Sur son lit de mort, celle-ci dit à Scarlett de s'occuper de Rhett sans oublier d'aider Ashley, comme si elle lui léguait les deux hommes de sa vie. Rhett quitte Scarlett assez grossièrement, en lui disant qu'il n'a rien à faire de ses sentiments. Scarlett ne veut plus d'Ashley, qui est pourtant enfin libre : elle envisage de reconquérir Rhett dans le futur.
Si on analyse le récit, selon la grille de Greimas, on peut voir deux récits superposés.

Un premier niveau de lecture montre une chronique sociale, réaliste et classique, où le portrait d'une femme séductrice et sans scrupule est fermement dessiné.

1. Le sujet Scarlett désire...
2. L'objet : la richesse et la respectabilité.
3. Le destinateur : c'est le père de Scarlett qui lui fait jurer de garder coûte que coûte Tara, la propriété qu'il a gagnée au jeu et qui en fait un gentleman.
4. L'opposant : c'est la guerre de Sécession et ses séquelles qui menacent Tara qui doit être vendu à bas prix.
5. L'adjuvant : est représenté par les mariages successifs de Scarlett qui en font une femme riche qui peut conserver Tara.
6. Le destinataire : ce sont les valeurs de survie. Tout est bon pour réussir et conserver ce qui fait la respectabilité apparente.

Le second niveau de lecture permet de voir l'histoire d'un quatuor où le désir de chacun mène le jeu. Pour simplifier, je vais me centrer sur le personnage de Scarlett.

1. Le sujet : Scarlett ; désire Ashley.
2. L'objet : Ashley ; est aimé de Melanie et l'épouse.
3. Le destinateur : c'est le désir de Melanie pour Ashley. Scarlett veut ce que les autres femmes veulent. Elle n'hésite pas à vamper le « Beau » d'une autre jeune fille pour un mariage de dépit. Plus tard, elle prendra pour elle le fiancé de sa sœur quand cela l'arrangera. Lorsque Melanie meurt et qu'Ashley est libre, elle ne le désire plus.
4. L'opposant : c'est d'abord le mariage d'Ashley et de Melanie ; puis, c'est Scarlett elle-même, qui ne veut plus d'Ashley libre.
5. L'adjuvant : ce sont les mariages successifs de Scarlett qui en font une femme riche : elle peut embaucher Ashley et le garder près d'elle.
6. Le destinataire : ce sont les valeurs du « vieux Sud ». Le film glorifie le courage et la fidélité des Melanies. Rhett Butler partage les mêmes valeurs et reste un gentleman. Bien que cynique, il a livré un baroud d'honneur pour le vieux Sud qu'il savait perdu. Sa fille est morte, à qui il aurait pu léguer un peu des valeurs sudistes : il se détache alors de Scarlett. Melanie est morte, il s'en va, car Il s'aperçoit qu'il aurait été mieux avec une Melanie qu'avec une Scarlett.

L'histoire est terminée, et personne n'a pu, et pour cause, tourner une suite valable au film. Car la mort de Melanie, qui est celle du vieux Sud emporté par le vent, arrête le quadrille du désir entre les quatre personnages.

Les personnalités narcissiques

Elles présentent une inflation de soi et des comportements grandioses, un besoin d'être admiré et un manque de perception des problèmes d'autrui. Les autres sont souvent méprisés, utilisés à des fins personnelles et traités en objets ;

la société se divise en critiques et en admirateurs, en serviteurs et en maîtres.

Les narcissiques savent habilement utiliser les autres, pour les abandonner dès qu'ils les ont « pressés comme des citrons ». Si leurs manipulations sont mises au jour par l'entourage et suscitent le rejet, ils peuvent essuyer des échecs sociaux répétés et connaître des épisodes dépressifs. C'est alors seulement qu'ils prendront conscience de leurs problèmes relationnels et entreprendront de changer de scénario.

La harceleuse

Le personnage féminin du film *Harcèlement* (1994) de Barry Levinson, joué avec beaucoup de naturel par Demi Moore dans un rôle classique de garce, montre bien la dynamique de la personnalité narcissique. On le voit qui n'hésite pas à utiliser tous les moyens — chantage, séduction, violence verbale, mensonges — pour parvenir à ses fins, c'est-à-dire au sommet de l'entreprise et de la fortune. En revanche, on ne le voit pas changer à la fin du film, malgré l'échec essuyé : il faut recommencer ailleurs.

Les scénarios marqués par l'anxiété, la peur et le sentiment d'infériorité

Ce troisième et dernier type de scénario correspond aux personnalités anxieuses et peureuses du groupe C. Elles sont dominées par l'anxiété, l'évitement des autres, le sentiment d'imperfection, de non-valeur personnelle et la faible estime de soi.

Le sentiment d'infériorité représente la conviction intime et persistante d'occuper un rang toujours inférieur par rapport aux autres, en ce qui concerne le mérite ou les capacités intellectuelles et physiques. La valeur personnelle ou les qualités qu'on possède sont alors constamment sous-estimées.

Selon une étude récente, 15 % des personnes ne présentant aucun problème psychiatrique particulier souffriraient d'un sentiment important d'infériorité : c'est donc un trait psychologique en continuité dans les populations normales et pathologiques (le lecteur trouvera en annexe une échelle d'infériorité validée ; cf. p. 245).

Les personnalités évitantes

Souvent associé à une phobie sociale généralisée, c'est un problème très fréquent qui provoque des scénarios de vie marqués par l'inhibition et l'échec social ou sentimental.

Les personnes évitantes souffrent d'inhibition sociale, de sentiments d'infériorité et d'une hypersensibilité au jugement des autres, qu'elles imaginent toujours négatif. Elles fuient les activités professionnelles impliquant le contact social, par peur de la critique, de la désapprobation ou du rejet. Il leur est difficile d'avoir des relations avec autrui, à moins d'être sûres d'être aimées, car elles ont peur d'avoir honte, d'être ridicules, ou d'être critiquées. Leurs sentiments d'imperfection et d'infériorité font qu'elles se considèrent comme socialement incompétentes et peu attirantes. Toute activité nouvelle ou socialement risquée est évitée.

Ce retrait social aboutit souvent à la solitude et à l'échec, parfois à la dépression, voire au suicide. Le cinéma a fréquemment utilisé le personnage de l'anxieux social sous une forme comique, alors que, de toute évidence, sa trajectoire dans la vie est faite de grandes souffrances.

Je suis timide, mais je me soigne (1978) de Pierre Richard raconte l'histoire d'un timide qui se fait soigner par un psychologue burlesque qui n'est autre qu'Aldo Maccione. Comme il s'agit d'une comédie, il finira par séduire la jeune fille dont il rêve.

Les personnalités dépendantes

Elles sont caractérisées par des comportements soumis et « collants », liés au besoin excessif d'être pris en charge. Ces personnes cherchent à tout prix un personnage tutélaire à qui s'accrocher et qu'elles ont peur de perdre.

Le personnage que joue Jacques Brel dans le film d'Édouard Molinaro *L'Emmerdeur* (1973), en est une excellente illustration. Cet homme, blessé par la vie et les femmes qui l'abandonnent, réussit à transformer un tueur en ange protecteur et s'y s'accroche désespérément.

Les personnalités obsessionnelles-compulsives

Elles se préoccupent avant tout d'ordre, de perfection et de contrôle. La rigidité dans le contrôle de soi-même et les règles inflexibles qui gouvernent leur vie rendent leurs relations avec autrui particulièrement difficiles.

Leur perfectionnisme réduit leur efficacité. Leurs critiques incessantes concernant la légèreté ou l'incompétence des autres finissent par lasser et créer des tensions. Le travail passe avant tout, aux dépens du plaisir et des aspects agréables de la vie. L'excès de zèle et le sens exagéré du devoir accompli entraînent souvent des conflits familiaux. Un divorce ou une dépression seront le point de départ solitaire vers une réévaluation du scénario de vie.

Le personnage central du film *Pour le pire et pour le meilleur* (1997) de James Brooks joué par Jack Nicholson illustre la rigidité de la personne obsessionnelle et son enfermement dans des règles inflexibles de travail, de vie, et dans des jugements moraux sur ce qui se fait et ne se fait pas. Il montre, en plus de ces traits de personnalité, de véritables rituels obsessionnels concernant notamment la symétrie et la propreté. On voit aussi comment sa bonté est recouverte par des traits rigides qui le rendent superficiellement antipathique.

Tyrans, narcisses et victimes

Les scénarios de vie, en relation avec des troubles de la personnalité, n'aboutissent pas tous à des échecs ou à de la souffrance. L'évolution dépend souvent de la tolérance du milieu ou de l'adhésion entre le milieu et le type de personnalité. Car le milieu social peut être tolérant : la personne sera aimée, malgré et parfois à cause de ses « travers », quand ils sont utiles à un groupe.

Ainsi, une femme schizoïde, qui reste célibataire et investit son travail, sera très disponible ; elle peut faire une brillante carrière dans l'entreprise, l'enseignement ou la recherche. Cette version moderne de la servante au grand cœur durera si chacun y trouve des bénéfices, mais la crise du milieu de vie vient parfois réveiller des désirs enfouis, et la vie enfuie devient le thème d'un nouveau scénario.

De la même façon, une personne qui est dans une position sociale dominante peut imposer son « style » de relation. L'histoire du siècle passé est riche en personnalités narcissiques ou paranoïaques qui ont réussi à imposer à un pays entier le culte de leur personnalité : Danube de la pensée, Petit Père des peuples, bien-aimé Führer, Grand Timonier, Lider Maximo, Caudillo, Duce, Maréchal-nous voilà, Empereur de Centrafrique...

À une échelle plus modeste, la tyrannie minuscule des « petits chefs » peut aboutir à des résultats identiques. Le harcèlement professionnel en est le résultat, et il n'est pas toujours possible à la victime de sortir sans dommage de ce scénario, surtout s'il s'agit d'une personnalité anxieuse. L'association d'un harceleur à personnalité narcissique ou paranoïaque et d'une harcelée à personnalité évitante ou dépendante est particulièrement fréquente. Elle entraîne une réaction chimique en vase clos, là où une action juridique ferme et rapide serait utile.

De manière plus positive, la culture d'entreprise et le culte du chef vont souvent de pair, car ils assurent la promotion d'une marque sur un nom, et le narcissisme du consommateur n'y reste pas insensible. Les Maîtres du temps, le Roi de la biscotte, l'Empereur de la cuisine lyonnaise, les Princes de la jet-set, le Chef de l'École française de karaté sophrologique, le Connétable des lettres françaises, ou le Transcendent Satrape de l'ouvroir de littérature potentielle sont là pour en témoigner, souvent avec talent.

Une personne narcissique ou histrionique peut aussi s'épanouir dans le show business ou les médias et ne pas avoir envie de changer. C'est la venue de l'insuccès qui déclenchera une réévaluation du scénario de vie : « J'ai renoncé au succès » devient le leitmotiv des anciennes locomotives reconverties dans le cocooning, le business, la psychothérapie ou la traversée du Larzac à la recherche de Dieu. En revanche, celui qui a réussi à imposer sa personnalité reviendra peu sur lui-même : il est devenu l'auteur de sa propre vie et le scénariste de celle des autres. Ces derniers vont subir le scénario d'une soumission non désirée, à moins qu'ils ne trouvent le bonheur dans l'esclavage.

LA NATURE HUMAINE

Les systèmes actuels de classification des troubles de personnalité, qu'il faut considérer avec relativisme, doivent néanmoins posséder une certaine validité puisque, depuis l'Antiquité, sont décrits, à peu de chose près, les mêmes types de problèmes. Ces troubles représentent sans doute des invariants de la nature humaine sur un intervalle assez court : deux millénaires représentent finalement peu de chose, comparés à l'évolution d'*Homo sapiens* pendant un million d'années.

Les Anciens nous ont légué plusieurs descriptions de grands types de personnalités. Parmi elles, citons celle du philosophe grec Théophraste (6), qui vivait trois cents ans avant J.-C. Son livre *Les Caractères* a inspiré l'ouvrage homonyme de La Bruyère, publié au XVIIe siècle.

Théophraste présente trente types de caractères, très comparables aux descriptions actuelles. Il portraiture une personnalité narcissique dans « De l'orgueil » et une personnalité paranoïaque dans « De la défiance ». La personnalité compulsive transparaît dans « De l'avarice », et la personnalité antisociale se retrouve dans « De l'image d'un coquin ». Ce même moraliste grec dépeint aussi un démagogue narcissique, qu'il épingle d'une remarque intemporelle : « La plus grande passion de ceux qui ont les premières places dans un état populaire n'est pas le désir du gain… mais une impatience de se fonder, s'il se pouvait, une souveraine puissance sur celle du peuple. » La lecture du plus ancien ouvrage connu sur le caractère nous enseigne que les scénarios de vie des hommes politiques ont, eux aussi, leur stabilité historique…

Deuxième partie

OÙ SONT ÉCRITS LES SCÉNARIOS ?

Chapitre IV

Trois inconscients pour un scénario

C'est souvent à son propre insu et malgré elle qu'une personne répète des scénarios de vie, telle une vidéo qui tourne en boucle. La première explication qui vient à l'esprit est d'invoquer la destinée ; la seconde, qui replace le problème sur le plan individuel, consiste à aller voir du côté de l'inconscient. Mais de quel inconscient parle-t-on alors ?

LA DESTINÉE

La croyance en la destinée est vieille comme l'humanité, et ses allégories sont nombreuses, des Parques de la mythologie grecques aux Nornes des sagas nordiques. Mais, quel qu'en soit le visage, la notion de destin renvoie au problème central qui nous préoccupe : nos actions sont-elles totalement déterminées par un scénario qui nous contraint à agir, ou bien sommes-nous libres ? Et si nous sommes libres, quel est notre degré de liberté ? Le dilemme responsabilité/irresponsabilité apparaît dans toutes les conceptions du destin qui se présentent sous forme contradictoire. Il pourrait s'énoncer de la manière suivante : « tu es programmé, mais tu es libre ».

On retrouve de multiples exemples de cette double contrainte dans la littérature ou les écrits religieux qui traitent du destin. Ainsi, dans la tragédie grecque, on parle de l'*anangké*, de la fatalité qui accable le héros, *mais* on montre aussi comment la démesure du héros, sa folie, son aveuglement, sa soif du pouvoir ou encore sa passion amoureuse sont également responsables. Ainsi, dans les romans chrétiens de chevalerie du XIIe siècle, la « prédestination » fait la part belle à la providence divine, qui a ses élus : le chevalier Galaad atteindra le Saint-Graal, quoi qu'il fasse, *mais* Parsifal, personnage autrement plus complexe et intéressant, ne pourra, lui, que s'en approcher, et de loin, car il n'a pas su déchiffrer les messages que lui envoyait Dieu sous forme de situations symboliques. Ainsi, dans *Madame Bovary* de Gustave Flaubert, le pauvre Charles invoque « la faute à la fatalité » devant la mort de son épouse, *mais* son fonctionnement psychologique, celui de son épouse et le milieu social où ils vivent sont tout autant en cause.

Toutefois, la conception la plus proche de celle de scénario de vie ne nous est pas fournie par la culture occidentale, mais par la culture islamique, où notre vie est toujours déjà écrite dans un livre. Ce livre, c'est l'esprit d'Allah (*Mektoub inch'Allah*, « c'était écrit dans l'esprit d'Allah »). Comme le dit le poète persan Omar Khayyâm, « la main mouvante a écrit, puis s'en est allée, et ni ton esprit ni ta piété ne peuvent l'obliger à en annuler une demi-ligne, et aucun un mot ne sera lavé par toutes les larmes », *mais* le paradis peut se gagner par la guerre sainte. Une certaine place est encore laissée au choix et à la liberté.

NOTRE INCONSCIENT EN QUESTION

Pour comprendre les origines de cette fatalité supposée, on peut aussi tenter de sonder les fondements inconscients de notre personnalité. À première vue, la notion d'inconscient laisse peu de place à la responsabilité et à l'autodétermination, surtout si l'on estime que tout se joue dans les trois ou les six premières années de la vie. Comme nous le verrons, d'autres conceptions poussent heureusement à plus d'optimisme.

Deux notions sont essentielles pour comprendre la notion d'inconscient : la division de l'esprit en différentes structures et le fonctionnement automatique de la plupart des comportements, des pensées et des émotions. La conscience n'est, en effet, que la partie faiblement émergée d'un iceberg qui flotte sur une mer d'inconscience. La plus grande part du comportement humain et des processus de traitement de l'information a lieu de façon automatique.

Le fonctionnement de l'inconscient permet à chacun de vivre dans l'instant présent. La conscience, elle, intervient en cas de difficulté. Le problème essentiel est alors de savoir comment et pourquoi une représentation devient consciente. La conscience gère l'ensemble de la personnalité, et, lorsqu'elle échoue, la fragmentation de la personnalité apparaît.

L'esprit divisé

De nombreuses théories ont expliqué les aberrations, les contradictions et les oscillations du comportement humain, par la présence cachée de phénomènes inconscients [5, 10], mais l'ère scientifique de l'étude de l'inconscient a commencé avec les travaux de Pierre Janet (1859-1947).

Janet : automatisme psychologique et dissociation de la personnalité

Pierre Janet, dans son ouvrage *L'Automatisme psychologique* [(6)], best-seller de la psychologie de la fin du XIXe siècle, a décrit la pensée inconsciente automatique, le rôle des souvenirs traumatiques subconscients et l'importance du retour de ces souvenirs à travers le récit des patients sous forme d'« idées fixes », terme devenu d'usage courant.

Selon lui, seule une petite partie de l'interaction entre l'organisme et l'environnement se déroule à un niveau conscient. Dans les circonstances normales, les personnes intègrent de façon automatique les nouvelles informations et répondent sans prêter attention à ce qui se passe. La plupart des expériences, des valeurs, des habitudes et des compétences innées et acquises sont donc automatiques et intégrées dans la personnalité. Les automatismes psychologiques sont des éléments rudimentaires de conscience qui sont codés sous une forme à la fois psychologique et biologique. La dissociation de la personnalité va apparaître quand des expériences nouvelles, ou particulièrement terrifiantes, ne peuvent s'insérer dans les schémas existants.

Ces événements non intégrés peuvent plus tard aboutir à des « automatismes pathologiques ». Il y a dissociation de la personnalité dominante, et des idées fixes, qui sont subconscientes, vont se traduire dans des symptômes physiques comme l'anxiété ou les paralysies hystériques, et des comportements en apparence aberrants. Le plus extrême exemple de dissociation est la personnalité multiple où les idées fixes se développent en créant chez le sujet des identités complètement séparées et qui peuvent alterner.

Janet, Platon ou Freud : qui a découvert l'inconscient ?

Freud a repris un certain nombre des idées de Janet, sans le citer, alors qu'il avait suivi son enseignement lors de son stage chez Charcot à la Salpêtrière. *L'Automatisme psychologique*, paru en 1889, précède de six ans les *Études sur l'hystérie* de Freud et Breuer, qui marquent la naissance de la psychanalyse [(4)]. Même les premières communications orales sur la psychanalyse sont postérieures aux travaux de Janet, comme le montrent les commentaires souvent embarrassés du début de la Standard Edition des œuvres de Freud.

Bien avant Janet, Platon avait déjà émis des hypothèses sur la structure de l'esprit [(9)] qu'il divisait en trois parties. La partie supérieure correspond à la raison, le « Noûs ». Elle conduit un attelage de deux chevaux, dont l'un est obéissant et généreux : le « Thymos », qui représente les émotions, le courage et les désirs élevés. L'autre cheval, lui, est indocile et rétif : c'est l'« Épithumétikon », qui correspond aux besoins et aux désirs matériels grossiers.

Le même Platon raconte dans le mythe de Gygès l'histoire d'un homme qui a le pouvoir de se rendre invisible chaque fois qu'il porte un anneau magique : cet homme, sur qui le contrôle social n'a plus de prise, devient un assassin. La morale de ce scénario mythique se retrouve dans le film classique de James Whale (1933) *L'Homme invisible*. Elle peut s'énoncer comme suit : l'homme a fondamentalement des impulsions antisociales, et seul le contrôle social intériorisé permet de canaliser ses mauvais penchants. Le surmoi, instance morale de la vie mentale, n'est donc pas une invention récente.

La psychanalyse a prolongé le thème platonicien par la description d'un inconscient fait de pulsions insatisfaites. Celui-ci résulte de l'action conjointe d'interdits sociaux intériorisés et de mécanismes individuels de refoulement. Chacun de nous possède ainsi un inconscient où gisent des désirs refoulés. Ils sont reliés aux instincts biologiques primaires, principalement sexuels, que la censure, le surmoi, maintient hors de la conscience. Le conflit entre ces désirs et la censure crée des symptômes : l'anxiété, la dépression ou divers troubles physiques envahissent le « moi », provoquant ainsi des scénarios de vie autodéfaitistes.

La névrose de destinée

Ce terme a été proposé par Freud [(3)] pour expliquer les conduites d'échec répétées, c'est-à-dire la compulsion de répétition. On sait que, pour lui, il existe deux types de compulsions : active et passive. La compulsion active serait liée au « caractère » de l'individu qui provoque toujours les mêmes situations ; la compulsion passive, elle, apparaîtrait dans des événements identiques qui arrivent sans la participation du sujet. Freud citait ainsi le cas d'une femme qui épouse trois fois un homme qui contracte une maladie et à qui elle doit servir de garde-malade jusqu'à sa mort.

Selon Freud, cette compulsion de destinée, qui pousse à répéter l'échec et le malheur, et qu'il avait pu constater chez certains patients en cure, renvoie à des facteurs purement inconscients : le masochisme et la pulsion de mort.

UNE NOUVELLE FIGURE DU DESTIN ?

Comme souvent dans les écrits psychanalytiques, si la description des comportements est adéquate, l'interprétation en reste purement spéculative. En effet, il n'est donné aucune explication réellement spécifique permettant de comprendre pourquoi certaines personnes ont un montage psychologique qui les conduit à répéter le malheur et d'autres non.

La compulsion de répétition, manifestation visible de la pulsion de mort, ressemble à une théorie avancée après coup, pour expliquer les comportements d'échec de certains patients et justifier les échecs de la psychanalyse. Elle n'a toujours pas été réellement validée. Beaucoup de psychanalystes furent d'ailleurs rebelles à la notion de pulsion de mort[(7)], et Freud lui-même avançait cette hypothèse avec beaucoup de prudence. Les éthologistes ont récusé cette notion en se fondant sur des bases expérimentales : à savoir l'observation des comportements humains et animaux[(8)].

On peut remarquer que, dans le système freudien, le masochisme et la pulsion de mort prennent la place de la destinée, ce qui constitue un progrès mais demeure une option avant tout philosophique. Selon Freud, la pulsion de mort agit silencieusement et n'est observable que par ses effets délétères : elle reste aussi obscure que celle de destin, puisqu'elle peut être invoquée, après coup, devant tout comportement aux effets néfastes. Par ailleurs, elle dispense d'une analyse précise des différents facteurs psychologiques, biologiques et environnementaux qui pourraient expliquer le scénario. Chacun peut donc dire : « Ce n'est pas moi, c'est mon inconscient qui a fait cela, et je ne suis pour rien dans mes pulsions. »

Les critiques de la psychanalyse ont surtout contesté l'existence d'un scénario de vie unique et de nature sexuelle : le complexe d'Œdipe. Dès les années 1920 a été mise en doute l'efficacité de la psychanalyse dans la modification aussi bien des symptômes psychologiques que de la personnalité. Or l'étude objective des traitements pharmacologiques et les thérapies comportementales et cognitives[(2)] ont montré, dans de nombreux travaux contrôlés, qu'on pouvait guérir ou améliorer de manière significative la plupart des problèmes psychiques sans aborder directement la personnalité ou le complexe d'Œdipe. De même, la thérapie cognitive et comportementale a obtenu quelques résultats dans les troubles de personnalité en se fondant sur d'autres principes et une autre méthode thérapeutique de la psychanalyse [1].

VERS UNE AUTRE CONCEPTION DE L'INCONSCIENT

Le modèle proposé par Janet paraît plus proche des modèles actuels cognitifs et biologiques. Il définit l'inconscient comme la partie des pensées et des comportements dont le fonctionnement est normalement automatique, mais qui peut émerger à l'occasion d'une dissolution des fonctions qui maintiennent l'unité de la personnalité. En termes modernes, le modèle de Janet peut se reformuler de la manière suivante.

Les processus biologiques — la génétique, la neurochimie cérébrale, le fonctionnement des réseaux de neurones — organisent les comportements qui ont lieu sans intervention de la conscience. L'ensemble des réponses de l'individu aux stimuli internes ou externes relève de conditionnements qui ont été établis et se déroulent, pour une grande part, en dehors de la conscience. De la même façon, le traitement de l'information par le cerveau s'effectue, en grande partie, selon des processus automatiques qui n'impliquent aucun effort de la conscience.

Le champ de la conscience est donc, tout comme le champ visuel, un cadrage limité de la réalité externe et interne. Tout ce qui est hors champ n'est pas perçu et enregistré par la conscience, même si cela peut laisser des traces dans la mémoire sous forme de conditionnement ou de pensées subconscientes qui, dans les cas extrêmes, vont diviser la personnalité du sujet.

NOS TROIS INCONSCIENTS

Il arrive que la conscience et ses fonctions de gestion de la réalité soient « désagrégées » du fait de traumatismes environnementaux répétés ou de phénomènes biologiques. Vont alors apparaître des « automatismes perturbés » correspondant à une fragmentation de la personnalité. Dans cette hypothèse, les scénarios de vie correspondraient à la mise en acte de la fragmentation de la personnalité : le sujet est divisé, contradictoire, illogique et semble agir contre lui-même.

Concernant les scénarios de vie, mon hypothèse est la suivante : plusieurs types d'inconscients peuvent se trouver à l'origine de leur constance ; c'est la convergence de ces différents processus qui les crée et qui les maintient. Cette approche devrait nous permettre d'aller au-delà de la conception mécaniciste qui sous-tend la théorie freudienne. Comme toute théorie scientifique, celle-ci a été tributaire des sciences fondamentales de son époque, et en particulier de la thermodynamique qui régnait alors en maîtresse.

En effet, pour Freud, il existe une énergie libidinale (la libido, le désir, les pulsions sexuelles) qui, si elle ne trouve pas d'issue, va se trouver refoulée et donc réapparaître sous une autre forme : angoisse, inhibition ou symptômes répétitifs. Ce modèle a été surnommé le modèle hydraulique ou, moins respectueusement, le modèle du tube de dentifrice fermé sur lequel on appuie et qui présente des fuites. Il correspond au principe de Carnot Clausius de la conservation de l'énergie dans les systèmes fermés.

Les modèles actuels, tributaires des sciences cognitives et des modèles informatiques, décrivent l'inconscient comme un ensemble de processus de traitement de l'information qui se déroulent de manière automatique. L'inconscient serait fait de schémas cognitifs situés dans la mémoire à long terme. Le fonctionnement cérébral et la biologie peuvent donc expliquer le fonctionnement de l'inconscient, lequel est également le dépositaire des apprentissages sociaux résultant des différentes procédures de conditionnement.

Dans cette perspective, il est possible de distinguer trois formes d'inconscients, dont l'origine et les fonctions sont différentes, bien qu'ils soient reliés les uns aux autres :

— Un inconscient biologique ou cérébral, qui correspond à l'activité neuronale automatique et au fonctionnement neuro-endocrinien : il sous-tend les processus cognitifs conscients et inconscients ainsi que les émotions.

— Un inconscient environnemental, correspondant aux influences extérieures qui conditionnent les comportements et les attitudes psychologiques : il inclut l'éducation mais aussi les éventuels traumatismes graves qui peuvent imprimer leur marque sur la personnalité de chacun et conduire aux scénarios de vie les plus contraignants.

— Un inconscient cognitif, qui correspond à l'ensemble de processus mentaux automatiques : c'est lui qui, en s'articulant aux deux autres, produit des scénarios de vie.

Chapitre V

Inconscient biologique et personnalité

Une parabole peut nous aider à aborder le problème des relations entre biologie, personnalité et scénarios de vie. Elle se trouve dans le film d'Orson Welles, *Monsieur Arkadin* (*Confidential report*, 1955). Le richissime M. Arkadin, qui est un criminel en quête de ses origines, raconte à ses invités l'histoire suivante.

Le scorpion et la grenouille

Un jour, le scorpion voulait traverser une rivière et il demanda à la grenouille de le porter sur son dos. La grenouille lui dit : « Tu vas me piquer, et ta piqûre est mortelle. » Le scorpion réplique alors : « Sois logique, si je te pique, je vais me noyer. » La grenouille accepte de le prendre sur son dos et de lui faire traverser la rivière. Mais au milieu de la rivière le scorpion la pique : « Où est la logique ? » crie la grenouille en mourant. Et le scorpion répond : « La logique n'a rien à voir là-dedans. Je n'y peux rien, c'est mon caractère. » Tous les scorpions ne piquent pas toujours les grenouilles qui les aident ; autrement, il faudrait renoncer à aider beaucoup de personnes... Dans son histoire, Arkadin parle d'ailleurs très justement de caractère et non de tempérament.

TEMPÉRAMENT, CARACTÈRE ET PERSONNALITÉ

On entend par tempérament les prédispositions comportementales présentes à la naissance. Il s'agit donc d'un socle sur lequel va se développer la personnalité en fonction de l'environnement. Pour le dire autrement, la personnalité est composée d'un ensemble de traits de caractère, d'intensité variable, reliés aux prédispositions biologiques qui constituent le tempérament. La question est alors de savoir comment on détermine les traits nécessaires à une description adéquate de la personnalité et quels sont les traits actuellement validés par les données de la psychobiologie de la personnalité.

Il est possible de décrire n'importe quel individu par des adjectifs. Il existe des milliers d'adjectifs pour décrire les caractéristiques et les comportements de chacun. Sans entrer dans le détail statistique, une méthode mathématique, l'analyse factorielle, permet de regrouper des adjectifs descripteurs en grandes dimensions que l'on appelle des « traits de premier ordre ». Ainsi, Cattell[(2)] a isolé 16 dimensions bipolaires de personnalité à partir de la réduction en plusieurs temps d'une liste initiale de 17 953 adjectifs. À partir de là, plusieurs modèles de traits de personnalité, établis par des questionnaires et ayant une correspondance avec des facteurs biologiques, ont été établis. Un modèle à cinq facteurs, le modèle OCEAN, est le mieux validé actuellement. Il existe également un modèle plus hypothétique à sept facteurs qui tient compte à la fois du tempérament biologique et des facteurs environnementaux de la personnalité.

LES CINQ GRANDS TRAITS DE PERSONNALITÉ : LE MODÈLE OCEAN

Cinq grands facteurs, « *The Big Five* », ont émergé d'études effectuées par analyse factorielle. Chacun d'eux correspond à des contrastes entre deux pôles opposés de personnalité [5].

Cinq dimensions pour deux pôles

Le tableau ci-dessous représente les deux pôles de chaque dimension.

Les cinq grands facteurs de personnalité : O. C. E. A. N.	
1. **O**uverture aux expériences	Fermeture à la nouveauté
2. **C**ontrainte	Impulsivité
3. **E**xtraversion	Inhibition, introversion
4. **A**ltruisme agréable	Comportement antisocial
5. **N**euroticisme	Stabilité émotionnelle

Parmi ces cinq facteurs, une mention spéciale doit être réservée au neuroticisme (ou névrosisme), qui est une dimension bien validée.

Le neuroticisme, ou comment se faire de la bile

Le neuroticisme (ou névrosisme) est opposé à la stabilité [7]. C'est une dimension qui correspond à un certain nombre de traits : l'anxiété, la dépression, les sentiments de culpabilité, l'estime de soi basse, la tension, l'irrationalité, la timidité, les sautes d'humeur, l'expression exagérée des émotions. Plusieurs études ont montré qu'un score élevé de neuroticisme s'accompagnait de vulnérabilité à la dépression et de dépendance à autrui. Ce trait pourrait correspondre, d'une manière globale, aux personnes qui ressentent et expriment constamment des « affects négatifs ». Cette mauvaise régulation émotionnelle, qui les accompagne toute leur vie, les rend difficiles à vivre.

La dimension du neuroticisme a été corrélée avec des anomalies génétiques qui affectent la région où se situe, sur les chromosomes, le gène qui régule le transport de la sérotonine [9], et la sérotonine est un neuromédiateur qui joue un rôle important dans l'inhibition des comportements et l'anxiété.

Chacun de nous a rencontré ce personnage morose, que Molière a décrit dans *Le Misanthrope ou l'Atrabilaire amoureux*. Hippocrate le décrivait comme le bilieux : atrabilaire signifie, en effet, qui a rapport avec la bile noire. Le mot est resté. Au début du siècle dernier, il était courant de parler de ceux qui « se font de la bile ». Cette expression commence à être obsolète. On parle aujourd'hui de « mec pas cool ». Il a donc fallu plus de deux mille ans pour changer la métaphore qui illustre la personnalité anxieuse.

Normal, pathologique ou humain ?

Le modèle OCEAN a récemment reçu une confirmation d'une étude à la fois psychométrique et génétique due à Livesley [10]. Quatre composantes principales d'un questionnaire de personnalité se sont révélées similaires dans trois groupes d'études constitués par des sujets normaux, des troubles de personnalité et des paires de jumeaux. Ils correspondaient aux facteurs C, E, A et N.

Ces facteurs identiques semblent donc être des facteurs héritables et ils paraissent renvoyer à une architecture génétique sous-jacente à la nature humaine. Les personnalités difficiles ne sont donc pas différentes qualitativement des personnalités normales : leur trouble ne serait que l'extrémité supérieure du trait de personnalité qui repose sur des bases génétiques.

TEMPÉRAMENT ET CARACTÈRE : LE MODÈLE DE CLONINGER

Cloninger[3, 4] a proposé d'opposer le tempérament au caractère résultant des effets de l'environnement familial et social. Il a validé un inventaire qui évalue le tempérament et le caractère : le TCI.

Le tempérament : un socle biologique

D'origine génétique, le tempérament correspond à des habitudes inconscientes. Ses représentations sont stockées dans la mémoire procédurale qui est la partie de la mémoire qui gère les habitudes motrices et les plans d'action automatiques. En liaison avec l'environnement par les mécanismes de conditionnement, dont l'impression sur l'individu se fait pour la plus grande part de manière inconsciente, le tempérament correspond aux quatre dimensions suivantes, qu'on peut évaluer grâce au questionnaire de Cloninger :
— **Recherche de nouveautés, recherche de sensations et impulsivité** : c'est la joie et l'excitation lorsque surviennent des nouveaux stimuli ou des indications de récompenses possibles : les personnes qui obtiennent un score élevé pour cette dimension, quand elles font le test de Cloninger, sont facilement ennuyées, impulsives ; elles ont un tempérament explosif,

extravagant, désordonné ; elles cherchent la nouveauté mais aussi la sensation.

On peut prendre pour exemple la recherche de sensations dans la toxicomanie : selon des travaux pharmacologiques et psychologiques, les conduites d'excès auraient pour point commun d'être des comportements de recherche de sensations et de prise de risques. Le neuromédiateur impliqué serait principalement, mais non exclusivement, la dopamine, que l'on décrit volontiers comme le neuromédiateur de la recherche de sensations.

Zuckerman [14] a développé une échelle de recherche de sensations qui mesure quatre aspects principaux : la recherche du danger et de l'aventure ; l'attrait pour les conduites et les sports à risque ; la recherche d'expériences nouvelles ; la désinhibition ; l'attrait pour l'alcool et les excès sexuels ; la sensibilité à l'ennui.

Bien entendu, ces quatre dimensions existent chez chacun d'entre nous ; les problèmes apparaissent en cas de scores élevés, liés à des personnalités limites ou antisociales. Une enquête effectuée aux États-Unis [6] a montré que les jeunes gens présentant un score élevé en recherche de sensations étaient plus vulnérables face à la prise de drogue : une campagne antidrogue centrée sur les méfaits de la drogue avait donc de fortes chances de motiver cette prise puisque ces personnes cherchaient, avant tout, l'excitation liée à la nouveauté et à la prise de risques.

— **Évitement de la menace :** les personnes qui obtiennent un score élevé sont dominées par le souci et l'anxiété en réponse aux signaux de punition. Elles sont pessimistes, peureuses, timides, anxieuses, vite fatiguées. Cette dimension est superposable au neuroticisme.

— **Dépendance à la récompense :** les personnes qui présentent un score élevé sont dépendantes de l'approbation sociale et de leurs attachements ; elles sont sociables, sympathiques, sensibles, sentimentales.

— **Persistance :** cette dernière dimension correspond à la persévérance : l'individu continue à agir en dépit de la frustration, de la fatigue et de l'absence de conséquences positives résultant de son action. Le versant positif de ce comportement tient à la capacité d'apprendre dans des conditions difficiles : le sujet persistant est un battant à la recherche de la réussite. Le versant négatif vient de ce que la personne peut être victime de l'illusion classique du joueur, qui maintient des mises élevées malgré l'absence de gains.

Le caractère

C'est la part apprise et consciente de la personnalité. Elle se décrit en termes d'apprentissage verbal et d'apprentissage cognitif. Le caractère correspond à la prise de conscience et à la réorganisation de l'expérience, à l'apprentissage abstrait. Il manifeste surtout la vue consciente que chacun a de soi.

Trois dimensions du caractère sont proposées par Cloninger : l'autodétermination, la coopération et la transcendance. Elles correspondent au degré de maturité et d'adaptation du sujet. Elles évoluent dans le temps, en fonction de la maturation, de l'âge et d'éventuelles difficultés psychologiques. Il s'agit de fonctions conscientes, clairement distinctes du fonctionnement inconscient propre au tempérament.

— **L'autodétermination :** elle correspond à la maturité individuelle. La personne se distingue comme un individu autonome, avec une estime de soi importante. Celui-ci se perçoit comme capable d'agir sur le monde extérieur et présente des capacités d'autocontrôle. Ce sentiment d'efficacité personnelle va de pair avec ce qu'on nomme l'espoir et l'optimisme.

— **La coopération :** elle correspond à la maturité sociale. La personne a le sentiment de faire partie intégrante de l'humanité et de la société, avec des sentiments et des comportements de tolérance, de compassion et d'acceptation face à autrui.

— **L'autotranscendance :** elle correspond à la maturité spirituelle. Le sujet a le sentiment de faire partie de l'univers et développe des valeurs spirituelles.

Un modèle psychobiologique de l'inconscient

Le modèle de Cloninger propose une conception nouvelle des processus conscients et inconscients. L'inconscient y est présenté comme le résultat d'interactions entre des processus biologiques et des conditionnements qui se déroulent hors conscience ; la cognition, elle, est identifiée à la conscience et correspond seulement à la gestion efficace et délibérée de la réalité. On peut précisément objecter que ce modèle n'envisage pas la possibilité de processus cognitifs inconscients.

Sept dimensions de la personnalité (Cloninger, 1999)

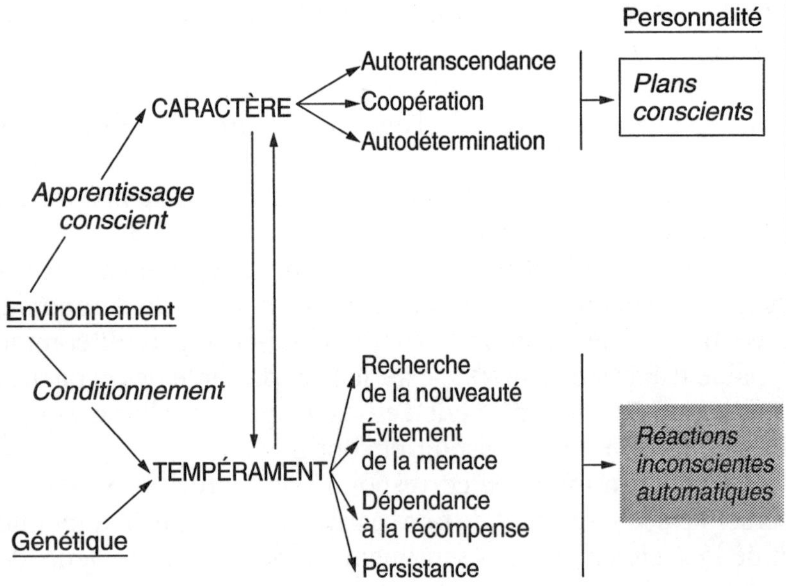

Existe-t-il des neuromédiateurs de la personnalité ?

Disons-le tout de suite : qu'il y ait une correspondance entre certains neuromédiateurs et certains comportements constitue, pour le moment, une simple hypothèse de travail, de surcroît nécessairement réductrice.

Comme on le sait, les neurones transmettent des informations à d'autres neurones par l'intermédiaire des synapses ; l'action des influx électriques libère les substances qui transmettent les informations. Ces substances, ce sont les neuromédiateurs, ou neurotransmetteurs. Parmi elles, trois ont un rôle prépondérant : la dopamine, la noradrénaline et la sérotonine. Tous les problèmes de personnalité que nous avons décrits aux chapitres précédents sont associés à des scores peu élevés en ce qui concerne la coopération et l'autocontrôle mentionnés dans le questionnaire de Cloninger. En outre, chaque groupe de personnalité distingué par le DSM-IV[(1)] (cf. p. 66) semble caractérisé par un profil à la fois psychologique et biologique dont les fondements génétiques commencent à être explorés.

— **Les « distants »**, le groupe A du DSM-4 qui comprend les personnalités bizarres et excentriques, se caractériseraient par une faible dépendance à la récompense, correspondant à l'introversion d'Eysenck. Un déficit en noradrénaline serait sous-jacent.

— **Les « impulsifs »**, le groupe B du DSM-4 qui comprend les personnalités dramatiques et émotionnelles, se caractériseraient par une recherche élevée de la nouveauté correspondant à la recherche de sensations. Un fonctionnement exagéré de dopamine serait à la base de ces troubles.

— **Les « anxieux »**, le groupe C du DSM-4 qui comprend les personnalités anxieuses et peureuses, se caractériseraient par un évitement élevé de la menace correspondant au neuroticisme. Des anomalies du fonctionnement de la sérotonine seraient à l'origine des difficultés observées dans ce groupe [9].

Les quatre dimensions de tempérament ont été étudiées sur l'ensemble du génome humain et apparaissent régulées par des gènes indépendants [13]. Toutefois, l'étude du gène régulateur de la sérotonine a montré une plus grande corrélation avec le caractère qu'avec le tempérament [8], ce qui va à l'encontre du modèle proposé. Quoi qu'il en soit, ces différents travaux sur la génétique de personnalité n'en sont qu'à leur début. Le tableau suivant résume les grandes hypothèses actuelles en psychobiologie qui, répétons-le, offrent une vision très réductrice de problèmes dont on découvre de jour en jour la complexité.

Psychobiologie de la personnalité : les grandes hypothèses

Trouble de personnalité	Traits	Tempérament	Neuro-médiateurs
Groupe A : Distant	Introversion	Dépendance à la récompense faible	Noradrénaline
Groupe B : Impulsif	Extraversion	Recherche de la nouveauté Recherche de la sensation Impulsivité	Dopamine
Groupe C : Anxieux	Neuroticisme Compulsivité	Évitement de la menace	Sérotonine

LA GÉNÉTIQUE N'EST PAS LE DESTIN

Napoléon disait : « L'anatomie, c'est le destin. » Ce fatalisme biologique se retrouve à l'orée de toute vision réactionnaire du monde : si l'anatomie est un destin et la génétique un sort, ceux qui ne sont pas bien nés n'ont plus qu'à se résigner à l'inévitable... Heureusement, la génétique moderne ne donne pas raison à Napoléon.

Il a notamment été montré que les sources de variation dans la personnalité étaient constituées à 50 % par des facteurs héréditaires et à 50 % par des facteurs environnementaux [(11)]. Des expériences de génétique animale, pourtant effectuées dans des laboratoires particulièrement bien contrôlés, ont même été réduites à néant par des variations très subtiles d'environnement : ainsi, une étude de transfert de gène, qui avait accru les capacités de mémoire et d'apprentissage des souris et dont les résultats positifs avaient été annoncés triomphalement, n'a pu être reproduite ailleurs, ce qui laisse supposer des variations environnementales cachées d'un laboratoire à l'autre [(12)].

Il faut donc considérer tout ce qui a trait au tempérament avec beaucoup de prudence. Des études longitudinales sur les enfants ont montré la grande difficulté à prédire la personnalité future à partir du tempérament initial. Les enfants ont une grande capacité à absorber une expérience traumatique : tout comme les adultes, seuls 20 à 25 % des enfants traumatisés développent des troubles ; c'est le phénomène bien connu de « résilience » ou capacité à rebondir.

En réalité, le tempérament intervient pour façonner des relations pathologiques avec l'environnement : quelqu'un d'impulsif risque de se retrouver sous une cascade d'événements qui vont accroître ses troubles. Mais d'autres traits de tempéraments, positifs, peuvent alors avoir un effet protecteur — en particulier l'intelligence, l'absence d'anxiété sociale, la séduction ou la créativité —, tout comme le fait de pouvoir bénéficier d'un environnement positif : avoir des traits impulsifs de personnalité n'aboutit pas aux mêmes résultats dans une banlieue défavorisée ou dans un milieu d'« intellectuels » aisés.

Chapitre VI

Inconscient environnemental et conditionnement

Si l'anatomie n'est pas un destin, le déterminisme social ne nous assignerait-il pas une trajectoire dont nous ne pourrions guère nous écarter ? Ne sommes-nous pas prisonniers des règles rigides qui nous ont été inculquées à notre insu et à notre détriment ? Voyons donc, maintenant, la part de l'environnement dans la création et le maintien des scénarios de vie.

NOUS SOMMES TOUS DES INCONSCIENTS CONDITIONNÉS !

Toutes les sociétés se sont intéressées à l'influence du conditionnement, pour accroître leur productivité, imposer des idées ou pour vendre des produits de consommation. Le fondateur du comportementalisme, le psychologue américain J. B. Watson, après ses travaux sur le conditionnement, a d'ailleurs terminé sa carrière comme conseiller auprès de sociétés de publicité installées sur Madison Avenue...

Le terme de conditionnement a mauvaise presse, mais le conditionnement est partout. Ce que nous nommons « inconscient environnemental » correspond à toutes ces procédures de conditionnement qui façonnent nos comportements dans la vie de tous les jours, et dont la plupart demeurent inconscientes...

La méthode de Pavlov, ou comment avoir des émotions automatiques

Le conditionnement classique, ou pavlovien, a pour effet de mettre en place certaines réponses du système nerveux végétatif. Le principe en est le suivant : dans un premier temps, on associe un stimulus neutre (une sonnerie), qu'on présente un quart de seconde avant, à un stimulus inconditionnel (la nourriture) ; se déclenche alors une réponse de salivation ; après quelque temps, et quelques expériences répétées, il suffit seulement de présenter le stimulus neutre pour que se déclenche la réponse.

L'ensemble des réponses émotionnelles relève de ce conditionnement par lequel un stimulus neutre (un lieu, une image, un son, une date anniversaire, un mot, etc.) est associé automatiquement à certaines manifestations physiques. La conscience joue peu de rôle dans ce type d'apprentissage, qui s'effectue dans deux structures neurologiques appartenant à des structures primitives du cerveau : le thalamus, noyau situé à la base du cerveau qui est un relais dans l'intégration des stimuli sensoriels, et l'amygdale, qui se trouve dans le lobe temporal et fait partie du « cerveau émotionnel » (système limbique).

Ainsi, l'apprentissage de la peur et des réactions anxieuses a lieu dans le thalamus et l'amygdale. Il se fait selon une voie qui court-circuite le cortex préfrontal et qui est utilisée quand il s'agit de réponses de survie immédiates : fuir, affronter et combattre, ou bien s'immobiliser. À cette voie courte se superpose une voie longue, qui sert de relais entre les aires préfrontales qui font partie du cerveau « évolué » : le néo-cortex : c'est elle qui va permettre un traitement conscient, et plus lent, de l'information.

On a pu constater qu'une atteinte du cortex préfrontal empêchait la décroissance des réponses de peur et d'anxiété en cas d'exposition répétée aux situations provocatrices d'anxiété [7]. Cela signifie que la conscience joue sans doute un rôle dans les processus d'habituation. Il est possible que les personnes présentant des perturbations émotionnelles importantes utilisent essentiellement la voie courte, automatique et inconsciente : d'où leurs réactions de colère, de violence ou de peur qui sont disproportionnées par rapport à la situation qui provoque l'émotion.

Voie longue et voie courte vers l'amygdale

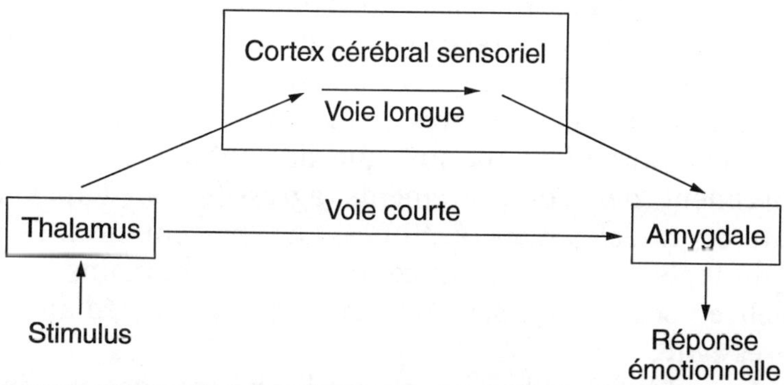

La sélection de nos actions, ou comment devenir efficaces

Le conditionnement opérant décrit par Skinner [12] est le processus par lequel l'environnement sélectionne les réponses motrices et verbales qui « réussissent ». En effet, chaque action va avoir des conséquences négatives, positives ou pas de conséquences du tout. Un petit enfant qui a une motivation interne (par exemple, la soif ou la faim) va agir sur son environnement, et les réponses qui seront données par cet environnement, en l'occurrence les réponses de sa mère, vont façonner son comportement.

Ce processus d'apprentissage, qui se déroule en grande partie en dehors du contrôle conscient, se retrouve dans tout le règne animal. Il représente l'inconscient environnemental sous sa forme la plus élémentaire mais aussi la plus universelle.

De modèle en modèle : avons-nous le choix ?

Une théorie de l'apprentissage social par observation de « modèles » a été développée de manière expérimentale par Bandura [(2)]. Le canal visuel de communication a un rôle fondamental dans ce type d'apprentissage beaucoup plus rapide que le conditionnement opérant.

Des expériences célèbres, réalisées par Bandura et Walters, ont notamment montré que des enfants en bas âge apprennent des comportements agressifs par l'intermédiaire de modèles réels ou filmés. La représentation télévisée du règlement systématique des conflits humains par la violence peut favoriser l'extériorisation immédiate de l'agressivité.

La publicité utilise largement l'apprentissage par imitation. Acteurs, top models, jet-setters, sportifs de haut niveau : tous sollicitent nos capacités d'identification. Ces modèles symboliques, dont chacun connaît les scénarios de vie, parfois dramatiques, servent à déclencher la consommation immédiate des produits associés à leur image. Cette image de *success story* est une alternative à la violence, au moins pour ceux qui ont accès à la consommation. Il n'en reste pas moins que la télévision et les autres médias peu-

Notre inconscient télévisuel

L'importance du rôle de la télévision sur la libération et le maintien de comportements agressifs, chez l'enfant et l'adolescent, n'est plus à faire. Elle a été depuis longtemps démontrée par de nombreuses études. Celles-ci ont conduit, aux États-Unis, à la mise en place de programmes destinés à apprendre une vision critique et distanciée aux enfants[(8)]. Toutefois, la télévision adresse aussi des messages prosociaux qui tempèrent les effets délétères des images de violence.

Instrument de culture, elle véhicule également, par les films et les téléfilms, des mythologies anciennes et contemporaines dont les récits et les images représentent un inconscient collectif qui devient le modèle de l'inconscient individuel.

vent représenter un moyen de contrôle de l'individu à son insu. C'est la version moderne du destin et une forme d'inconscient social qui écrit nos scénarios de vie.

Les techniques du vendeur, ou comment (faire) adhérer

La psychologie de l'engagement a été étudiée par les psychosociologues[(6)]. Les résultats de ces travaux s'appliquent aussi bien aux techniques de vente qu'à l'adhésion à un parti politique, à un club, une religion, une secte, etc.

Engager quelqu'un consiste à établir un lien constant entre une personne et ses actes. L'engagement présente des degrés divers et ne se fait pas sur le mode du tout ou rien : il est recommandé au « vendeur » de respecter l'illusion de liberté du « client » ; la meilleure soumission est la soumission consentie, car l'engagement est lié au fait que l'individu s'assimile à son acte.

Un certain nombre de techniques sont recommandées, en particulier l'amorçage par un comportement préliminaire en apparence anodin : regarder une vidéo gratuite, visiter un centre ou un magasin, etc. Ce comportement n'est qu'un prélude et engage le client, qui n'est pas conscient de la finalité de cette préparation, vers des conduites plus complexes. Une fois le pied glissé dans la porte, le vendeur va persévérer par des demandes implicites, puis explicites. Il lui est également recommandé de toucher le client physiquement : l'engagement émotionnel est sans doute le meilleur et le plus stable, car il n'a rien à voir avec le jugement conscient et rationnel. On comprend mieux pourquoi les politiciens serrent tant de mains...

La grande illusion

La vie est-elle faite de manipulations qui transforment des individus en pantins dont d'autres tirent les ficelles ? Ce thème se retrouve dans de nombreux films, téléfilms ou séries. On peut citer la fameuse série télévisée des années 1970 *Le Prisonnier*. Plus récemment, *The Truman Show* (Peter Weir, 1998) raconte la vie quotidienne d'un homme filmé, à son insu, pour un « reality show ». On peut mentionner aussi *Pleasantville* (Gary Ross, 1999) où les personnages se trouvent prisonniers d'un feuilleton télévisé des années 1950, à l'eau de rose et en noir et blanc, qu'ils vont faire déraper vers une vision plus colorée du monde.

Sommes-nous les acteurs d'un film tourné à notre insu ?

Cette thématique paranoïaque exprime de manière de plus en plus fréquente l'angoisse d'une époque face aux forces inconnues qui peuvent contrôler l'individu. Cependant, la prise de conscience généralisée de ces possibilités de manipulations en diminue l'efficacité, du moins chez les personnes qui ne présentent pas de perturbations émotionnelles importantes. C'est ce qui explique que les sectes s'attaquent en priorité aux personnes qui sont en difficulté psychologique, pour les isoler dans des lieux rendus aussi irréels que les décors d'un feuilleton télévisé.

UNE SOCIÉTÉ HYPERCONTRÔLÉE FACE À L'IMPULSIVITÉ

L'impulsivité se définit comme l'incapacité à différer, quelles qu'en soient les conséquences, un comportement qui peut aboutir à une expérience immédiate de plaisir. Une de ses caractéristiques est de fonctionner en dehors du contrôle conscient et de représenter l'émergence de processus automatiques. C'est un trait sous-jacent à plusieurs types de personnalités, en particulier les personnalités limites et antisociales. Elle est un des éléments d'un scénario de vie marqué par l'absence de prévision, l'inconséquence, les réactions trop rapides et le manque total d'inhibition. Il peut s'agir d'alcoolisme ou de toxicomanie, ou de troubles du contrôle, comme le jeu pathologique, la pyromanie, la kleptomanie, ou la trichotillomanie (s'arracher de grandes quantités de cheveux de manière fréquente).

L'impulsivité et la compulsivité sont l'une et l'autre des comportements obligatoires. Une personne compulsive est consciente de son trouble, elle lutte contre le passage à l'acte qui ne lui procure pas de plaisir. Ce passage à l'acte est d'ailleurs rare ; il entraîne une brève période de soulagement, qui sera suivie d'anxiété et de remords. Souvent suradaptés, les obsessionnels-compulsifs sont les bienvenus dans une société où la fiabilité, le perfectionnisme, la stabilité et l'obéissance aux règles sont des valeurs dominantes. Les personnes impulsives, en revanche, passent à l'acte avec

Un syndrome de société industrielle ou postindustrielle

Des études transculturelles ont montré que les personnalités impulsives, en particulier les personnalités limites et antisociales, sont peu fréquentes dans les sociétés traditionnelles : elles apparaissent véritablement avec la société industrielle. Comme si la vulnérabilité émotionnelle, qui est à la base de ce type de personnalité, était « révélée » par la dislocation des familles et les conditions socioéconomiques qui exigent une adaptation permanente. Les pays asiatiques qui ont eu une croissance rapide, passant d'une société stable, familiale et autoritaire à une société industrielle et postindustrielle, ont ainsi vu s'accroître les troubles liés à l'impulsivité, le taux de suicides et les cas de toxicomanie ou d'alcoolisme.

plaisir, elles ne luttent pas et ne présentent pas d'anxiété. Ce sont souvent des antisociaux, égocentriques et qui n'obéissent pas aux règles.

Compulsives ou impulsives, ces personnes partagent l'incapacité de différer une conduite. On tend à considérer actuellement que ces deux types de comportements représentent les extrémités d'un spectre qui va de la lutte permanente et réussie contre les impulsions au passage à l'acte permanent et sans frein. Le schéma ci-après synthétise les hypothèses de travail de différents chercheurs [4, 10].

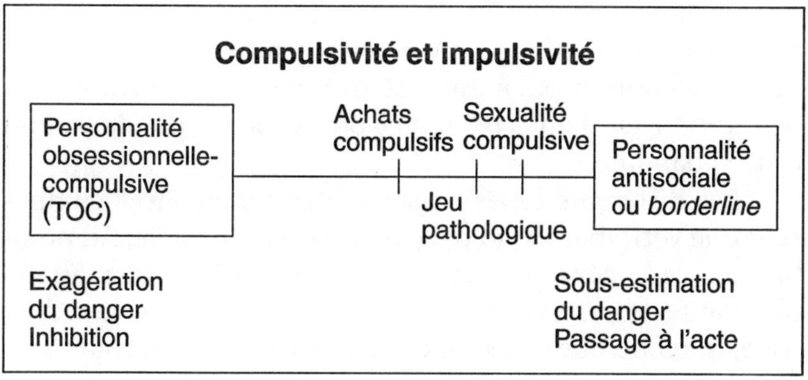

LES NOUVELLES DÉPENDANCES

Mises au jour récemment, en augmentation avec l'évolution de la société, les « nouvelles » dépendances représentent des modalités comportementales souvent liées à l'apparition de certaines technologies ou à de nouveaux modes de consommation. Elles donnent lieu à des scénarios de vie répétitifs et sont généralement liées à une personnalité limite.

Les forçats du sexe

Les dépendances sexuelles [(5)] peuvent revêtir un caractère impulsif ou compulsif. Leur mise en acte s'effectue avec une fréquence ou une intensité qui pose des problèmes relationnels. Souvent associées à la dépression, aux phobies, aux toxicomanies et aux troubles de personnalité, elles pourraient concerner jusqu'à 5 % de la population mondiale (mais ce chiffre important demeure très discuté).

Ces comportements, qui produisent du plaisir ou réduisent l'angoisse, incluent des masturbations compulsives ou une sexualité de groupe. Les personnes concernées sont envahies par des images intrusives pénibles qu'elles considèrent comme répugnantes et présentent des symptômes obsessionnels : leur sexualité « obligatoire » est donc loin d'être épanouie.

Les différents types de sexualités compulsives composent une véritable anthologie de la misère sexuelle. Au nombre de ces scénarios, citons la sexualité fantasmatique obsédante, le rôle systématique du séducteur ou de la séductrice, la recherche d'une sexualité anonyme, le recours systématique à la sexualité payante, le recours systématique à la sexualité payée, le voyeurisme avec masturbation, l'exhibitionnisme, l'intrusion sexuelle dans la vie d'autrui, l'abus de pouvoir, le harcèlement, le sadomasochisme, l'exploitation des faibles ou des enfants.

Les suiveurs obsessionnels

Les stars ne sont pas les seules concernées, et chacun de nous peut un jour devenir la victime d'un *stalker* assidu et qui multiplie les propositions sexuelles malgré les refus répétés qu'il essuie. Les suiveurs obsessionnels forment une catégorie à part : ils manifestent, dans plus de la moitié des cas, une personnalité dramatique ou impulsive. Il existe aussi une grande fréquence de troubles paranoïaques. Les victimes sont souvent des anciens partenaires, des personnes célèbres ou encore des psychiatres... Les agressions physiques ne sont pas rares. La persécution peut aller de quatre semaines à vingt ans et obliger la victime à changer d'adresse, voire d'identité (9).

La fièvre acheteuse

Nous vivons dans une société où l'impulsivité du consommateur est sollicitée par tous les moyens. C'est si vrai qu'il a fallu établir des lois permettant de se repentir de décisions trop rapides.

Cette même frénésie incontrôlable se retrouve, poussée à l'extrême, dans les achats compulsifs qui touchent principalement les femmes. C'est un trouble fréquent (puisqu'il concerne 1,1 % de la population générale), souvent corrélé à la dépression (32 % des personnes dépressives ont des achats compulsifs). Il est également souvent associé à d'autres troubles : obsessions-compulsions, formes variées de dépendance ou états limites. Les personnes qui souffrent d'achats compulsifs présentent des scores plus élevés en recherche de sensations et en impulsivité que les autres dépressifs [(1)].

Les prisonniers d'Internet

Plus il y a de moyens de communication, moins il y a de choses véritablement importantes à dire. Internet promet des rencontres inespérées et de flotter aux quatre vents du monde. En réalité, il nous rive aux quatre coins de notre écran...

On peut sans doute clouer une bonne partie de la population mondiale cinq heures par jour devant un écran de télévision, d'ordinateur ou de jeux vidéo répétitifs, et lui laisser croire qu'elle maîtrise ainsi l'univers. Le réveil risque d'être rude comme après un *bad trip*.

Des *webcams* filment la vie quotidienne d'individus qui font don de leur personne aux internautes les plus voyeurs. Ces exhibitions truquées aboutissent parfois à une toxicomanie : « Être vue est une drogue », disait lors d'un programme télévisé la protagoniste d'un site très visité, qui ajoutait : « Ma vraie vie commence quand la caméra est éteinte. » Voir peut également devenir une drogue, avec augmentation des doses et syndrome de dépendance lors de l'arrêt du toxique : les platitudes falsifiées en temps réel permettent d'éviter les relations humaines ; la banalité, non scénarisée, qu'impose l'écran devient la seule réalité et permet à la sexualité solitaire de s'exprimer, comme le font les films X.

La dépendance à l'informatique est un phénomène de société en progression, dont les formes extrêmes commencent à être étudiées. Une analyse récente menée sur 16 hommes et 5 femmes, recrutés par annonce, a montré les effets négatifs de cette dépendance sur les études et la famille dans plus de la moitié des cas[(3)]. Dans la moitié des cas, aussi, on retrouvait des personnalités de type narcissique, limite ou antisocial. Les troubles du contrôle des impulsions sont également fréquents, ainsi que la dépression, l'abus de substances toxiques ou les troubles anxieux.

SCÉNARIOS ET ÉVÉNEMENTS DE VIE

L'éducation, la vie familiale et les messages audiovisuels représentent, sans aucun doute, une contrainte, et les nouvelles addictions montrent bien la part des influences sociales globales sur les destins individuels. Toutefois, malgré leur pouvoir de persuasion masquée, les modèles sociaux sont surtout des révélateurs de personnalité et des déclencheurs de scénarios de vie (« dis-moi qui tu choisis d'imiter et comment, et je te dirai qui tu es »).

Si la société et le milieu familial sont les prescripteurs des règles de fonctionnement rigides qui se trouvent à la base des scénarios de vie, il faut néanmoins nuancer leurs effets. En effet, un environnement éducatif partagé ne permet pas de prédire pour l'ensemble d'une fratrie un même type de personnalité et une même ligne de vie pour tous les frères et sœurs : les parents n'élèvent pas leurs enfants de la même manière et, souvent, ils s'adaptent au tempérament, génétiquement déterminé, de chacun. Les données actuelles de l'épidémiologie [11] laissent à penser que le développement de la personnalité résulte en réalité d'événements particuliers et personnels. Par rapport à l'éducation, l'environnement non partagé — autrement dit, les événements singuliers vécus et auxquels le tempérament biologique doit s'adapter — serait prépondérant dans l'évolution de la personnalité et des scénarios de vie.

Ce sont donc les événements de vie habituels — deuils, séparations, promotions, hasard des rencontres — qui façonnent les comportements et les attitudes. La répétition d'événements traumatiques, qui obligent à affronter la mort ou la perte d'identité, aura en particulier un rôle très négatif. Même une personne qui ne présente pas de vulnérabilité génétique pour des troubles psychologiques risque de « craquer » dans un environnement social où s'accumulent les traumatismes.

Chapitre VII

Variation sur l'environnement
Trauma et inconscient

> « Dans un murmure, il poussa un cri contre une image, une vision. Il cria deux fois, un cri qui n'était rien de plus qu'un soupir : "L'horreur ! l'horreur !" »
>
> Joseph CONRAD, *Au cœur des ténèbres.*

L'environnement social peut, à petits pas et à petit bruit, induire des changements subtils de personnalité qui vont enfermer un individu dans un scénario de vie. Mais il est des coups du sort beaucoup plus tragiques, qui vont laisser des empreintes indélébiles : les traumatismes.

Parce qu'il a été fait de ce terme un usage abusif, rappelons d'emblée qu'un « traumatisme psychologique », au sens strict, est un événement (ou une série d'événements) réel, localisé dans le temps, qui met en cause la vie, la sécurité, l'intégrité ou l'identité d'une personne. Il joue un rôle important dans les scénarios de vie en figeant l'individu dans le rôle de la victime, et parfois du bourreau.

UN PASSÉ QUI NE PASSE PAS : LE STRESS POSTTRAUMATIQUE

« Ni le soleil ni la mort ne se peuvent regarder fixement », disait François de La Rochefoucauld. Il suffit d'un événement particulièrement intense, qui annonce l'imminence de la mort, pour plonger durablement une personne, sans problèmes psychologiques antérieurs, dans un monde irréel. Elle y revivra, en rêve aussi bien qu'à l'état de veille, la situation traumatique.

Nuit blanche et écran noir

Connu depuis l'Antiquité, le stress posttraumatique a été décrit en détail par la psychiatrie de la fin du XIXe siècle, puis oublié au moment des deux guerres mondiales, sans doute parce que les guerres ont besoin de héros. Une exception courageuse fut le film de John Huston *Que la lumière soit* (*Let There Be Light*, 1945), qui fut longtemps interdit par les autorités américaines de peur qu'il ne sape le moral des troupes. Il montrait le traitement par hypnose de soldats souffrant de stress de combat. Étudié plus en détail après la guerre du Viêt-nam, l'état de stress posttraumatique a été bien restitué dans le film de Francis Ford Coppola *Apocalypse Now* (1979), transposition à l'écran du roman de Joseph Conrad *Au cœur des ténèbres* dont le sujet était les atrocités de la colonisation à la fin du XIXe siècle.

Les personnes qui ont développé un stress posttraumatique chronique se distinguent de celles qui ont une simple « réaction temporaire » par le fait qu'elles organisent leur vie autour du trauma. Le problème central dans le stress posttraumatique est le bouleversement des relations avec la réalité.

Flash-backs et répétition d'un scénario : le rôle de la mémoire

La mémoire maintient la cohérence du fonctionnement mental. Elle effectue la liaison entre le passé et le présent, en catégorisant et en organisant les nouvelles informations à la lumière des souvenirs anciens. Mais des expériences nouvelles ou particulièrement terrifiantes peuvent ne pas s'insérer dans les schémas cognitifs en place : ceux-ci sont alors dissociés de la conscience, se fragmentent et deviennent des événements non intégrés ; plus tard, ils aboutissent à des automatismes pathologiques et à la dissociation de la personnalité dominante (17).

Les flash-backs, ou retours en arrière, sont des intrusions de la mémoire dans le passé traumatique. Ils font revivre, en imagination, quelquefois des dizaines d'années après le trauma originel, la même expérience de manière aussi vivante que lors de l'événement initial. Les souvenirs traumatiques sont donc hors du temps. La victime reste acteur de la scène traumatique passée comme s'il s'agissait d'une expérience contemporaine. Le flash-back signe l'absence d'intégration du souvenir traumatique.

L'imprévisible et l'inévitable

Un événement traumatique met, de façon inopinée, une personne face à sa mort ou à la mort d'autrui sans qu'il lui soit possible ni de s'échapper ni de contrôler d'aucune manière l'événement. La présence d'une menace pour son intégrité physique ou pour celle d'un autre suscite une réaction de peur intense, accompagnée d'un sentiment d'impuissance ou d'horreur. L'agitation, ou désorganisation du comportement, est très fréquente.

Les événements à l'origine du traumatisme sont divers et variés. Il peut s'agir de catastrophes naturelles, de violences urbaines, familiales ou professionnelles, d'accidents graves, d'un viol, d'une prise d'otage, d'une guerre, de tortures, d'un séjour dans une secte ou encore du spectacle de la mort de quelqu'un. Malgré leur entraînement, les équipes médicales ne sont elles-mêmes pas à l'abri de réactions de stress posttraumatique.

Hors schémas

Un viol peut être encore plus traumatique s'il s'accompagne de menaces de mort ou d'une tentative de meurtre ; il peut aboutir à un syndrome durable de stress posttraumatique s'il est interprété comme un danger vital en plus de l'atteinte à la liberté et à l'intégrité personnelles qu'il constitue.

De façon générale, il faut que les événements traumatiques s'accompagnent d'un sentiment de détresse et d'une réactivité physiologique pour laisser une empreinte durable. Toutefois, c'est la menace perçue, plus que la menace réelle, qui constitue le facteur décisif du maintien du stress posttraumatique [(5)]. Un individu, dans notre société actuelle, ne dispose pas de schémas mentaux pour intégrer la violence qui lui est faite ; il présente donc une vulnérabilité « cognitive ».

Plus précisément, un événement traumatique va ébranler trois croyances essentielles chez la victime : le monde est bienveillant ; le monde est juste et logique ; la valeur personnelle et la personne humaine sont respectées. La résultante de ces trois conceptions est un sentiment d'invulnérabilité personnelle. L'événement traumatique va provoquer l'effondrement de cet édifice de croyances : le monde devient alors injuste, ou apparaît comme dépourvu de sens.

Cet état va obliger la personne à reconstruire lentement un nouveau système de croyances capable d'intégrer l'expérience traumatique. Le sentiment d'injustice peut aussi activer des schémas agressifs pour retrouver un contrôle sur l'environnement : ce syndrome du justicier, appelé parfois « syndrome de Rambo », est rare. Il existe beaucoup plus souvent un sentiment d'impuissance généralisée face à tous les événements nouveaux, qui aboutira à l'inaction et à la dépression.

Le rappel de l'épisode traumatique

Comme nous l'avons dit, le stress posttraumatique correspond à la répétition de pensées, d'images, d'émotions, de sensations, de rêves ou de cauchemars en relation avec le traumatisme. Ce syndrome de répétition s'accompagne d'une tension anxieuse permanente et de l'évitement de situations qui rappellent, de près ou de loin, l'épisode traumatique. On distingue plusieurs types de stress posttraumatique [1] :

— aigu : moins de trois mois après le traumatisme ;
— chronique : plus de trois mois après le traumatisme ;
— différé : qui apparaît six mois après le traumatisme.

Irréalité et dissociation

Plus des deux tiers des personnes qui ont subi un traumatisme important relatent des expériences de dissociation : sentiments d'irréalité ; impression que le temps s'étire ou se raccourcit ; mouvements automatiques ; impression de détachement ; perte de sensations corporelles. Il s'agit donc d'un mouvement de dépersonnalisation, caractérisée par un sentiment prolongé ou récurrent de détachement de son propre fonctionnement mental ou de son propre corps, même si l'appréciation de la réalité demeure intacte : il n'y a pas de délire.

On interprète en général ces phénomènes comme une façon pour le sujet de se protéger d'une réalité pénible. « Ce n'est pas vrai ou ce n'est pas moi qui suis là », semble dire la personne qui subit une réalité particulièrement horrible. Ce sentiment de détachement par rapport à la réalité est particulièrement net dans le témoignage des anciens déportés ou des victimes de tortures.

Un trouble fréquent

Selon les statistiques les plus optimistes, si l'on raisonne à l'échelle d'une vie entière, le stress posttraumatique toucherait 1 % de la population mondiale, dont deux tiers de femmes. Il atteindrait 15 % des militaires exposés au théâtre des opérations ; plus de 50 % des prisonniers de guerre et plus de 75 % des victimes de viol. Des chiffres encore plus élevés ont été retrouvés dans une enquête récente menée dans la ville américaine de Detroit : 10 % des hommes et 18 % des femmes vivant dans cette agglomération urbaine en seraient atteints[18].

Un traumatisme peut en cacher un autre

Les principaux facteurs de risque, avant le trauma, sont l'existence de traumas sexuels précoces ou d'un trauma antérieur ayant mis en jeu la vie du sujet ou d'un proche, des problèmes psychologiques et psychiatriques, la séparation ou encore l'utilisation de drogues.

Les personnes qui ont eu auparavant des difficultés de type dépressif ou anxieux, ou qui ont présenté des problèmes de personnalité de type antisocial ou limite, sont plus susceptibles de présenter un stress posttraumatique. De même, les sujets présentant des traits de personnalité anxieuse ont plus de risques de réagir aux traumatismes.

En consultation, quand on reçoit des patients souffrant d'un stress posttraumatique sévère, on s'aperçoit souvent qu'ils ont subi, auparavant, d'autres traumatismes qui ont été plus ou moins bien supportés : ceux-ci ont été enfouis sans laisser de trace décelable, du moins en apparence, comme si une masse critique de répétitions traumatiques était nécessaire pour provoquer le point de rupture de la personnalité.

Complications

Dans l'immédiat, l'inhibition, accompagnée d'un sentiment de culpabilité et de honte, sera le premier obstacle à la recherche d'aide ; l'agressivité ou la violence sont plus rares. Les complications psychiatriques, à terme, sont l'alcoolisme, les toxicomanies, la dépression, le suicide. Les complications sociales et familiales sont fréquentes en raison des troubles psychologiques générés, des difficultés juridiques et de l'impossibilité fréquente de travailler, surtout si le trauma a eu lieu sur le lieu du travail : c'est ce que l'on voit chez les pompistes, les caissières et les convoyeurs de fonds, les conducteurs de bus qui, après deux ou trois agressions, ont beaucoup de mal à reprendre le même poste. Mais il est une complication qui prend la tournure d'un scénario de vie avec sa mise en scène répétitive : c'est la dépendance au traumatisme.

La répétition inconsciente du passé

La réexposition compulsive au trauma est fréquente ; elle avait déjà été signalée par Janet. De fait, on constate souvent, dans les suites d'un traumatisme, des comportements violents, autodestructeurs ou de revictimisation. La violence à l'égard d'autrui se voit dans un tiers des cas ;

l'autodestruction, qui n'est pas liée à un sentiment de culpabilité mais à des rapports infantiles de violence, se manifeste par des tentatives de suicide, la grève de la faim, l'automutilation, des coupures ou des brûlures de cigarette ; quant à la revictimisation, elle peut se manifester de manière directe ou plus subtile : des soldats traumatisés deviendront mercenaires ou s'engageront dans la police, des femmes violées seront attirées uniquement par des hommes qui les maltraitent...

Dans ce type de scénarios répétitifs, la personne peut aussi bien endosser le rôle de la victime que celui du bourreau. Tel est le cas de cette jeune femme qui consultait pour stress posttraumatique, sans vouloir vraiment se traiter. Elle avait subi un viol, après lequel elle avait réussi à faire condamner son agresseur. Devenue prostituée, elle jouait le personnage de la femme dominante dans les scénarios masochistes de ses clients et, quand elle travaillait sur Minitel rose, elle devait exciter les fantasmes sexuels de ses correspondants téléphoniques pour faire durer la communication.

Le passage du traumatisme à la génération suivante a été discuté, mais il semble malheureusement bien réel, si on en croit la revue d'une soixantaine d'études portant sur le sujet [(11)] : un tiers des enfants qui avaient subi des abus reproduisaient sur leurs propres enfants ce dont ils avaient eux-mêmes souffert ; un autre tiers ne reproduisait pas ce comportement ; un dernier tiers des enfants demeuraient vulnérables au stress social qui, selon les circonstances plus ou moins heureuses de leur vie, déclenchait le comportement abusif. Au bout du compte, deux tiers des enfants abusés couraient donc le risque de reproduire le scénario de leur victimisation.

Traumatisme et personnalité

Le fait que le stress posttraumatique puisse entraîner un trouble stable de personnalité est discuté mais vraisemblable au vu d'observations longitudinales. Bien souvent, les lenteurs de la justice et la suspicion, rarement légitime, qui entoure les victimes, sont responsables de l'aggravation des troubles de personnalité qui résultent du traumatisme. Voici les critères, très précis, établis par l'Organisation mondiale de la santé. On notera, en particulier, qu'il ne s'agit pas de l'aggravation d'un trouble de personnalité préexistant, mais d'un changement du fonctionnement de la personnalité et que celui-ci doit être stable et pouvoir être constaté au moins quatre ans après le traumatisme.

Modification durable de la personnalité après une expérience de catastrophe
[d'après les critères de l'OMS (10)]

1. Arguments déterminants, selon les antécédents personnels ou provenant de témoins importants, en faveur d'un changement manifeste et persistant de la personne à la suite d'une exposition à un stress catastrophique : par exemple camp de concentration, torture, catastrophe, exposition prolongée à des situations représentant un danger vital.
2. La modification de la personnalité doit être importante, inflexible et mal adaptée. Elle est indiquée par la présence d'au moins deux des manifestations suivantes :
   — attitude permanente d'hostilité et de méfiance ou de cynisme,
   — retrait social,
   — sentiment constant de vide ou de perte d'espoir,
   — sentiment durable d'être « sur la brèche » ou de se sentir menacé sans cause externe,
   — sentiment permanent d'être changé ou d'être différent des autres ; ce sentiment peut être associé à une expérience d'engourdissement émotionnel.

3. Le changement doit interférer de façon significative avec le fonctionnement personnel dans la vie quotidienne, ou être à l'origine d'une détresse subjective, ou avoir des répercussions défavorables sur l'environnement social.
4. Le changement de personnalité doit s'être développé après l'expérience de la catastrophe et il ne doit pas exister d'antécédent de trouble ou d'accentuation de traits de la personnalité adulte, ou de trouble de la personnalité ou du développement durant l'enfance ou à l'adolescence, qui seraient susceptibles d'expliquer les traits de personnalité actuels.
5. La modification de la personnalité doit être présente depuis au moins deux ans.
6. La modification de la personnalité est souvent précédée par un état de stress posttraumatique. Néanmoins, le diagnostic de modification durable de la personnalité ne doit pas être porté que :
— si l'état de stress posttraumatique persiste pendant au moins deux ans,
— et s'il existe une période supplémentaire d'au moins deux ans de trouble de la personnalité.

VRAIS OU FAUX SOUVENIRS ?

Les scénarios de vie sont parfois la mise en actes de souvenirs perdus, mais la validité des souvenirs retrouvés a été au centre d'une série de débats et de polémiques qui montrent bien que la question est loin d'être neutre. Le débat, toujours actuel, sur les vrais et faux souvenirs d'abus sexuels a souvent abouti à des oppositions tranchées ; il est aujourd'hui permis de présenter une sorte de bilan à partir de données objectives.

Le débat

Pour certains chercheurs, qui se fondent essentiellement sur la difficulté à évaluer la mémoire[9], un nombre important d'abus sexuels invoqués seraient de faux souvenirs et de simples reconstructions *a posteriori*. De fait, la mémoire humaine, loin d'être un film documentaire, est une reconstruction scénarisée : elle reconstruit après coup, et en toute bonne foi, des souvenirs où se mêlent ce qui a été enregistré et plusieurs sources ultérieures d'information.

Toutefois, la plupart des scientifiques s'accordent pour reconnaître qu'il est fréquent de perdre la mémoire consciente lors d'une expérience traumatique. Différents termes sont utilisés suivant les « options » théoriques : on parle de refoulement, d'amnésie dissociative ou d'amnésie d'origine psychologique. Loftus, qui a pourtant écrit un livre sur le mythe des souvenirs refoulés, a aussi montré que 19 % des femmes violées avaient perdu le souvenir de leur viol à certains moments de leur vie et que 12 % d'entre elles avaient des trous de mémoire importants [(8)].

La fin d'une controverse ?

Quelques études de grande qualité permettent aujourd'hui de sortir de la controverse. Elles montrent la validité des troubles de mémoire tout comme la véracité de la majorité des abus allégués et leurs effets dévastateurs sur la personnalité, qui est souvent figée dans un scénario post-traumatique dramatique. Autrement dit, il existe indubitablement des abus sexuels et des traumatismes sexuels [(3)], mais il faut, sans conteste, en établir la preuve.

Oubli des abus ou oubli de poser les questions embarrassantes ?

Un examen de la littérature scientifique existant sur le sujet a été effectué [(13)]. Celle-ci va de 1960 à 1998 et inclut 16 études traitant de différents types d'événements traumatiques : incarcération en prison, dans des camps ; désastres naturels ; abus physiques et sexuels ; investigations médicales douloureuses ; blessures ; violences physiques ou sexuelles chez l'enfant.

Au terme de ce travail, il apparaît que le fait de ne pas trouver de traumatisme ne reflète pas l'amnésie mais simplement l'incapacité des investigateurs à demander directement des détails autobiographiques délicats, et que l'amnésie dissociative n'est pas un phénomène constant lors d'un traumatisme.

Les faux souvenirs sont-ils implantés par les psychothérapeutes ?

Une des objections aux récits de souvenirs d'abus sexuels est qu'ils peuvent être le résultat de la psychothérapie qui implanterait de faux souvenirs en fonction des désirs du patient et du psychothérapeute.

Un certain nombre de cas, très médiatisés, de faux souvenirs et de fausses accusations, suivies de rétractation, vont dans ce sens, mais ils sont marginaux. Le plus célèbre est celui d'Eileen Franklin qui avait accusé son père, un homme violent, divorcé d'avec sa mère, d'avoir tué devant elle, après l'avoir violée, sa meilleure amie. Le « souvenir » avait été retrouvé, dix ans après, lors d'une thérapie : le cas fut jugé, et le père acquitté faute de preuves [(9)].

Certes, les souvenirs retrouvés sous hypnose ou lors de thérapies dont l'objectif affiché est de découvrir des « traumatismes cachés » sont suspects. De la même façon, un « trop beau » souvenir, un flash-back scénarisé comme un film, avec des images mentales nettes, peut susciter le doute : en général, la mémoire est plus infidèle et devient imprécise avec le temps, même en cas de traumatisme. Toutefois, il faut rester prudent et recouper les données, car le traumatisme peut représenter un « fixateur » pour la mémoire qui se met à fonctionner avec une extrême précision : il n'y a donc pas de critères absolus. Freud lui-même a été très hésitant sur la question. Après avoir cru à l'abus sexuel infantile des patientes hystériques, il a complètement écarté cette hypothèse pour faire de ces récits l'expression, non pas d'une réalité, mais d'un pur fantasme : le fantasme œdipien, qui serait sous-tendu par le désir de l'enfant pour le parent de sexe opposé ou pour un substitut parental.

La grande diffusion de la psychanalyse a favorisé l'idée que le récit d'abus sexuels était le plus fréquemment l'expression d'un fantasme. La justice a essentiellement affaire à la situation inverse : ce sont certains adultes qui désirent les enfants, et non les enfants qui désirent les adultes. Pour autant, dans les cas de pédophilie en particulier, la première ligne de défense de l'accusé est de se justifier par la séduction supposée de l'enfant, les troubles de mémoire de l'enfant ou la conspiration.

La vraie conspiration est plutôt celle du silence autour des abus et des négligences. Certains traités de psychiatrie des années 1960-1970 affirmaient que l'inceste entre le père et la fille ne laissait pas de traces psychologiques importantes. Ce qu'ont montré les études récentes va à l'encontre de cette légende imprimée : l'inceste peut être à l'origine de comportements toxicomaniaques, de prostitution ou de tentatives de suicide[15].

Une étude[4] s'est intéressée à la relation entre abus infantiles, amnésie et psychothérapie. Elle comprenait 90 patientes admises dans un service où l'on traitait le stress posttraumatique. Un entretien structuré permettait d'étudier l'amnésie de l'expérience traumatique. Il est ainsi apparu qu'une partie des patientes qui disaient avoir subi un abus sexuel infantile présentaient des troubles dissociatifs plus fréquents et intenses que celles qui n'en avaient pas subi, mais qu'un nombre important de femmes victimes d'abus de différents types souffraient d'amnésie partielle ou complète par rapport à ces événements. En cas d'abus physique et sexuel, le niveau d'amnésie était d'autant plus élevé que la personne était jeune. Lorsque les participantes rapportaient des souvenirs d'abus, ces souvenirs revenaient généralement lorsqu'elles étaient chez elles, seules ou avec des proches. Peu étaient en thérapie au moment de l'étude.

Cette étude montre donc que la psychothérapie n'était pas la fabrique du souvenir de ces femmes. Surtout, la très grande majorité des patientes étudiées (89 %) trouvaient des preuves objectives en faveur des souvenirs retrouvés. La concordance était en général assurée par une personne de l'entourage ou par des rapports de services attestant que l'abus avait bien eu lieu.

Histoire : Géraldine ou les souvenirs perdus

Souvent, les souvenirs traumatiques peuvent revenir de manière inopinée au cours de thérapies qui sont effectuées pour un tout autre problème que le traumatisme proprement dit qui a été oublié ou demeure évité bien qu'il fasse partie de la conscience. C'est ce qui est arrivé à Géraldine, 43 ans.

Cette femme vient consulter pour un trouble obsessionnel-compulsif fait de rituels de lavage et de vérification, et de rituels de rangement qui la submergent de manière totalement imprévue. Dans ces moments-là, elle ressent une forte anxiété et l'obligation impérieuse de ranger.

Traitée dans un groupe de thérapie comportementale destiné aux patients obsessionnels, elle participe à deux séances. À la troisième, une personne du groupe évoque son enfance difficile. Immédiatement, Géraldine sent une montée émotionnelle ; elle fait une crise qui se termine par une perte de connaissance. Au réveil, qui est progressif, elle raconte qu'elle a eu le flash-back d'une enfance particulièrement pénible où elle était, à la fois, battue, insultée et violentée par son père et des amis de la famille qui étaient alcooliques.

Ces violences ont duré de l'âge d'environ 6 ans à l'adolescence ; elles se sont traduites à plusieurs reprises par des pénétrations sexuelles ou des attouchements. Juste après, Géraldine ressentait le besoin incoercible de ranger et de nettoyer les carreaux sales et parfois sanglants de la maison. Petit à petit, ce rituel s'est déconnecté de l'épisode traumatique et s'est mis à « opérer » pour chaque montée subite d'angoisse.

Le crime est-il parfois une réminiscence de violences subies ?

Une étude [12] a essayé d'entamer le scepticisme concernant l'existence de troubles dissociatifs et d'abus infantiles dans les problèmes persistants de personnalité. Elle portait sur 11 hommes et 1 femme, qui répondaient au diagnostic de personnalités multiples avec dissociation et avaient commis un meurtre. Les données ont été prises à partir des services médicaux, psychiatriques et sociaux de l'école, de l'armée et des prisons ainsi que des entretiens avec les membres de la famille et d'autres.

Au bilan, dans les 12 cas, des troubles dissociatifs de l'identité étaient corroborés dès l'enfance par plusieurs sources indépendantes ; dans 11 cas sur 12, les personnes avaient subi un abus sévère et avaient presque toutes une amnésie des abus et tendance à ne pas en parler ; après l'épisode traumatique, des changements dans l'écriture et le style ont été constatés dans 10 cas sur 12.

Cette étude, bien que portant sur un nombre limité de sujets et une population extrêmement sélectionnée, montre qu'il existe un lien entre des abus sévères et la dissociation de l'identité. Elle montre aussi qu'on peut distinguer ce trouble de la simulation, puisque les criminels ne faisaient pas état d'un abus sévère, ce qui aurait été plutôt en leur faveur sur le plan juridique. La force de ce travail est aussi de démontrer qu'avec des efforts importants on peut obtenir des preuves objectives de la réalité des abus infantiles oubliés dont la violence actuelle est le lointain écho.

Les abus sexuels et les négligences graves sont des facteurs de trouble de personnalité

Une autre étude [21] a été effectuée auprès de 358 patients qui présentaient un trouble de personnalité limite : 91 % d'entre eux disaient avoir été abusés quand ils étaient enfants, et 92 % rapportaient avoir été négligés, avant l'âge de 18 ans, par leurs parents ou une personne qui devait prendre soin d'eux. Cette statistique s'ajoute à une longue liste de travaux qui ont montré la fréquence, dans la personnalité limite, des abus sexuels ou des négligences graves par les parents ou une personne importante de l'entourage.

À ce jour, une seule étude a envisagé le problème sous l'angle de la prédiction [6]. Effectuée sur 639 jeunes et leur mère, elle a comparé les données psychiatriques avec les preuves juridiques établissant un abus sexuel ou une négligence. On a pu constater que les enfants abusés ou négligés présentaient quatre fois plus de risques de développer, à l'âge adulte, un trouble de personnalité que les enfants qui n'avaient pas subi ce préjudice. Ce résultat demeurait valable même quand les effets de l'âge, les médications et les problèmes psychiatriques de chacun des parents étaient maintenus constants par une technique statistique appropriée.

Il semble donc qu'il y ait une corrélation assez forte entre des mauvais traitements dans l'enfance et le développement ultérieur de troubles de la personnalité, et que cette corrélation soit indépendante des facteurs génétiques de la personnalité. Le traumatisme représente le catalyseur nécessaire pour atteindre le point de rupture de la personnalité : sans lui, rien ne se serait passé. C'est ce que montrent les études de jumelles : à environnement égal et à patrimoine génétique identique, c'est la jumelle qui a subi l'abus sexuel intense le plus grave qui va développer un stress posttraumatique [7].

LES CICATRICES INTÉRIEURES

L'inscription des traumatismes et la répétition qui en résulte sont expliquées actuellement par des processus de conditionnement entraînant une sensibilité accrue à des traumatismes de plus en plus minimes.

Conditionnement et sensibilisation

Le modèle le mieux admis, celui de Barlow[2], comprend cinq facteurs principaux :

1. **La vulnérabilité biologique et psychologique de la victime avant le traumatisme :** il peut exister une prédisposition génétique au développement du stress posttraumatique, due à une activité excessive et chronique du système nerveux végétatif qui favorise une plus grande « conditionnabilité ».
2. **La nature et les caractéristiques du traumatisme** (sévérité, conséquences, éléments incontrôlables et imprévisibles, potentiel de menace pour la vie du sujet) : ces caractéristiques peuvent rendre l'expérience traumatique plus pénible et influer sur l'apparition d'une « véritable alarme », c'est-à-dire d'une réponse de peur intense justifiée.
3. **L'alarme apprise :** c'est la réponse conditionnée aux stimuli associés à l'alarme vraie. Elle apparaît en l'absence de vrai danger, lorsque l'environnement évoque celui qui a provoqué la véritable alarme. Un banal film policier, vu tranquillement chez soi, peut ainsi rappeler une agression, tout comme un simple bruit suspect.
4. **L'appréhension anxieuse :** avec ses fortes composantes cognitives émotionnelles, elle est responsable du retour des

alarmes apprises, des souvenirs traumatiques, de l'instabilité émotionnelle et des conduites de répétition ou d'évitement de certaines situations.
5. **La variable modératrice :** elle est représentée par le soutien social et les capacités personnelles d'adaptation et de gestion du stress.

Biologie du stress posttraumatique

Contrairement à ce que pourrait laisser penser la théorie classique du stress, les personnes qui ont subi un stress posttraumatique présentent, lors de tests pharmacologiques, un taux de cortisol faible et une réponse excessive de freinage de l'axe hypothalamo-hypophyso-surrénalien. Cette hypersensibilité pourrait expliquer que la répétition de traumatismes rende le stress posttraumatique chronique : le système hormonal, qui permet à chacun d'entre nous de gérer le stress, serait épuisé et ne répondrait plus de manière souple et adaptée aux défis de l'environnement. Elle pourrait également expliquer que, dans nombre de cas, les symptômes s'aggravent avec le temps[(18)].

Par ailleurs, on a constaté qu'un stress posttraumatique pouvait modifier de manière stable les régions cérébrales impliquées dans la mémoire. Quand une altération stable du cerveau, mesurable par l'imagerie en résonance nucléaire, apparaît, elle se traduit, dans certains cas, par la diminution de volume des régions temporales où siège en grande partie la mémoire. Cette diminution serait due à une hypersensibilité des récepteurs au cortisol sécrété lors du stress. Ainsi pourrait aussi s'expliquer la difficulté à se souvenir de certains aspects ou de la totalité du traumatisme.

En somme, une mémoire biologique est mise en place, et celle-ci est en défaveur de l'individu si des épreuves stressantes se reproduisent. Pratiquement, il faut donc éviter, en cas de stress sévère, de demander à la personne de reprendre une activité où les risques de répétition du traumatisme sont élevés.

La visualisation de la cicatrice cérébrale

La cicatrice stable du traumatisme sur le système nerveux central peut être mise en évidence par l'étude des hormones du stress [18]. Elle peut aussi être visualisée par une caméra à positons qui permet d'étudier en temps réel le fonctionnement cérébral en fonction de diverses stimulations. Deux études avec caméra à positons méritent, en particulier, d'être rapportées.

Dans une première étude, le récit de situations traumatiques vécues a été utilisé pour déclencher des réponses émotionnelles : on a alors constaté chez 8 personnes qui avaient subi un abus dans l'enfance l'activation de certaines régions cérébrales spécifiques [14]. Deux régions se mettaient à fonctionner de manière plus intense : l'amygdale, qui est une région du lobe temporal correspondant au traitement des émotions et, notamment, de la peur, et la région orbitofrontale, qui gère le contrôle de soi et la pensée logique.

Une autre étude, du même type, a mis en évidence des différences entre les sujets abusés ayant un stress posttraumatique et les sujets abusés n'ayant pas eu de stress posttraumatique : les premiers présentaient une augmentation de l'activité dans les régions temporales et orbito-frontales ; les seconds, une augmentation dans la région cingulaire, partie interne du lobe frontal [16].

La transmission d'une génération à l'autre ?

L'existence de facteurs biologiques préalables au traumatisme est actuellement à l'étude. Des chercheurs se sont notamment intéressés à la transmission du stress posttraumatique sur la descendance de 22 personnes qui avaient réchappé de la Shoah [19]. La moitié d'entre elles avaient développé un stress posttraumatique en relation avec l'événement ; l'autre moitié n'en souffrait pas. Les enfants nés après la guerre, et qui n'avaient donc pas connu directement l'Holocauste, ont été examinés ainsi que leurs parents. On a alors constaté que les enfants dont les parents avaient un stress posttraumatique étaient, eux-mêmes, plus fréquemment atteints par le stress posttraumatique en réponse à leurs propres événements de vie.

Cette transmission entre générations pourrait être biologique. En effet, les enfants de personnes souffrant de stress posttraumatiques présentent des taux faibles de cortisol, hormone de l'adaptation au stress, et ils ont, de ce fait, une plus grande sensibilité aux événements stressants [(20)].

Certes, un taux faible de cortisol est un marqueur de vulnérabilité, mais cette vulnérabilité, à la fois physique et psychologique, peut aussi résulter de l'observation des parents par les enfants, de l'éducation reçue et des récits qui peuvent les avoir sensibilisés à de futurs traumatismes. Quoi qu'il en soit, ces travaux préliminaires montrent l'impact différé des traumatismes de l'Histoire sur les histoires individuelles.

Partir, revenir...

Ce titre, emprunté à un film de Claude Lelouch (1985) dont le sujet est l'Holocauste et ses conséquences, s'applique aux deux histoires de vie suivantes qui se ressemblent, bien qu'une génération les sépare. Elles ont en commun la peur des espaces clos et aussi un militantisme actif au nom du devoir de mémoire.

Partir

Jean-Pierre, 69 ans, raconte qu'il a assisté à l'âge de 14 ans à l'arrestation de son père par la gendarmerie française, après une dénonciation. Ce dernier est mort dans un camp nazi. Sa mère et lui ont échappé, par miracle, aux « griffes de la police ».

Depuis, Jean-Pierre souffre d'un stress posttraumatique caractérisé par une anxiété chronique, mais aussi une anxiété de type claustrophobique : il ne supporte pas de se retrouver à l'arrière d'une voiture, dans un ascenseur, au milieu de la foule, dans une salle de spectacle, un avion, etc. Ces situations provoquent le retour de l'image de son père encadré, sans ménagement, par deux gendarmes et emporté dans une voiture.

Plus d'un demi-siècle après, il souffre du « syndrome du survivant ». Il s'en veut d'avoir échappé, du fait du hasard, au sort de son père et se reproche de ne pas être entré immédiatement dans la Résistance, alors que c'était impossible compte tenu de son âge. Un examen poussé montre que cet homme présente toutes les caractéristiques d'un syndrome de stress posttraumatique persistant depuis cinquante-sept ans.

Revenir

Béatrice présente une claustrophobie qui doit être traitée par thérapie comportementale et exposition aux situations qui déclenchent l'anxiété. Au cours d'une séance d'exposition, qui a lieu dans un ascenseur, elle me dit que celui-ci, et sa petite musique, ressemble aux chambres à gaz, où l'on conduisait les victimes en musique.

Béatrice est née dans les années 1950. Elle n'a pas eu à souffrir directement de l'Holocauste ; son père, lui, est un survivant des camps nazis, mais il n'en parlait jamais, pas plus que le reste de la famille. Elle se souvient, cependant, des cauchemars impressionnants, avec réveils et flash-backs, où son père hurlait en plein milieu de la nuit : « Non, je ne peux pas y aller ! »

Petit à petit, cette femme fait le rapprochement entre sa phobie et les troubles dont souffrait son père. Le temps passant, elle prend plus de distance par rapport à ce problème. Elle critique la passivité de ses parents après la guerre, tout en en comprenant les raisons. Béatrice guérira de la plus grande partie de sa phobie, qui semble résulter des effets transgénérationnels du traumatisme paternel.

DU TRAUMATISME AU SCÉNARIO DE VIE

Un traumatisme s'inscrit dans le fonctionnement biologique et psychologique, conscient et inconscient, par le biais du conditionnement. Si la personne qui en est victime présente des troubles de personnalité antérieurs, elle risque davantage de développer un stress posttraumatique. Mais le phénomène inverse est également vrai : le stress post-traumatique peut lui-même provoquer des troubles de personnalité et laisser une cicatrice biologique et psychologique. Dans les deux cas, l'évolution dépendra des stratégies d'adaptation personnelles et du soutien social rencontré, sans parler des interventions psychothérapiques ou pharmacologiques.

Certaines victimes chercheront désespérément à compenser les effets du traumatisme par un scénario de vie dominé par la revanche et qui les rembourse du prix de leur souffrance. D'autres développeront une misanthropie à la mesure du sentiment d'abandon qu'elles ont ressenti au moment du traumatisme. D'autres encore deviendront exactement l'inverse de ce qu'elles étaient auparavant : un P-DG pressé deviendra soudain attentif à ses employés ou à ses petits-enfants, car il a pris conscience de la fragilité de son existence. Beaucoup, malheureusement, resteront prisonnières d'un temps immobile, celui du flash-back perpétuellement ressassé : pour elles, la vie s'est arrêtée le jour où le traumatisme a eu lieu ; depuis, le même film passe et repasse en boucle.

Chapitre VIII

Inconscient cognitif et scénarios de vie

« La vie est une comédie pour ceux qui la pensent,
et une tragédie pour ceux qui la sentent. »

Horace WALPOLE.

Les prophètes, les guides politiques et les gourous auront toujours plus de succès que les historiens ou les scientifiques. Ils remplissent l'attente tourmentée du futur par un message qui va lui-même fabriquer des lendemains : « Le passé vous a déçu ? Le présent vous semble vide ? L'avenir vous angoisse ? Nous avons la réponse ! »

Tout bon prophète propose un schéma qui interprète le monde et implique des actions qui vont dans le bon sens : chacun peut y trouver un sens à sa vie et agir pour le bien en contribuant à réaliser ce qui doit advenir. Il en va de même sur le plan individuel. En un sens, chaque homme est à lui-même son propre prophète. Quelle que soit la réalité, il l'interprète en fonction de schémas qui lui sont propres et qui jouent le rôle de prophéties autoréalisatrices. Ces schémas se retrouvent, bien évidemment, au cœur des scénarios de vie.

LA VIE MENTALE ET SES CONSTRUCTIONS PERSONNELLES

Le psychologue américain George Kelly [(5)], un des précurseurs des thérapies cognitives actuelles, a proposé d'étudier la vie mentale à l'aide du concept de « constructions personnelles » ou « représentations mentales personnelles » (*personal constructs*).

Pour le dire vite, ces constructions sont des dimensions qui présentent deux extrémités opposées et permettent de juger et de catégoriser les événements et les individus sur un mode binaire : bon/mauvais, juste/faux, correct/incorrect, etc. Dans cette perspective, la personnalité de chacun correspond à l'ensemble des constructions mentales personnelles qu'il établit pour interpréter le monde : elle se traduit par un style cognitif propre à chacun, mais il est possible de regrouper ces styles individuels en grands types.

Les constructions représentent des anticipations : nous nous attendons à ce que les événements se produisent en fonction de nos représentations mentales. En général, toutefois, nous ne sommes conscients que d'une des extrémités de la dimension qui nous permet de juger, le pôle émergé ; le pôle immergé, lui, reste inconscient.

Les méthodes d'évaluation psychométriques des constructions personnelles ont permis la validation de celles-ci. En particulier, la notion de bipolarité entre un pôle immergé et un pôle émergé a été validée par analyse factorielle. Les scénarios de vie s'expliqueraient par l'inadaptation, l'absence, la rigidité ou encore le caractère contradictoire des constructions personnelles sous-jacentes.

D'un pôle à l'autre

Une construction personnelle est un système bipolaire de jugement. D'un côté, il y a le pôle émergé ou explicite, qui est immédiatement perçu dans le contexte où il se manifeste ; de l'autre, le pôle immergé, ou implicite, qui est une sorte de « pôle inconscient ». Cette bipolarité a une grande importance dans le fonctionnement psychologique, puisqu'une personne va anticiper des événements confirmant l'un ou l'autre pôle de cette dimension.

Prenons par exemple la construction personnelle apparente d'une personne narcissique. Son schéma personnel est le suivant : « Je suis supérieure aux autres. » Il dénote une construction personnelle bipolaire en termes de supériorité/infériorité. Tout ce que cette personne va faire ou observer sera mesuré à l'aune de cette construction personnelle, sorte de mètre-étalon servant à évaluer aussi bien son comportement propre que celui des autres. Un des deux pôles, celui de la supériorité, sera observable : il se traduit par le mépris, la manipulation, la division de l'humanité en serviteurs potentiels ou en rebuts sans intérêt puisque sans utilité aucune. Le second pôle, celui de l'infériorité, demeurera caché.

Or c'est cet autre pôle, qui n'est pas toujours cliniquement évident, qui doit être exploré pour favoriser une certaine souplesse de fonctionnement psychologique et accroître, du même coup, la liberté de jugement et de comportement. Cela dépend de la perméabilité des « construction personnelles » ; cela dépend aussi de l'évolution du trouble narcissique de personnalité en fonction des réactions de l'entourage.

Histoire de Gertrude : L'illusion du pouvoir

Gertrude avait réussi, très jeune. Son ascension sociale était fulgurante. Elle régnait sans partage sur un homme et une entreprise. Un jour, pourtant, elle a été mise en minorité par le conseil d'administration. Objectivement, ce n'était pas très grave, mais Gertrude a, pour la première fois de sa vie, nourri des sentiments d'infériorité et remis en question son fonctionnement. Elle a fait une dépression.

Cet échec, si dur pour l'estime de soi, a sans doute provoqué l'émergence du pôle d'infériorité qui était demeuré caché. Tant que tout allait bien, le pôle de supériorité était émergé, et c'étaient les autres qui souffraient de la personnalité de Gertrude. Face à l'échec, le pôle d'infériorité est apparu, et c'est Gertrude qui s'est mise à souffrir du rejet des autres : ils n'entraient plus dans son jeu.

Heureusement, dans le cas de cette femme, la souffrance personnelle a fait que le réaménagement du scénario de vie a été possible par une intervention psychothérapique limitée.

Le schéma suivant représente la bipolarité du schéma narcissique de Gertrude et son évolution du « tout va bien » à « rien ne va plus ». Cela ne veut pas dire que la période de santé apparente était sans problèmes, mais que les problèmes n'étaient pas perçus par Gertrude qui ne ressentait rien d'autre que la griserie du pouvoir.

Schéma narcissique

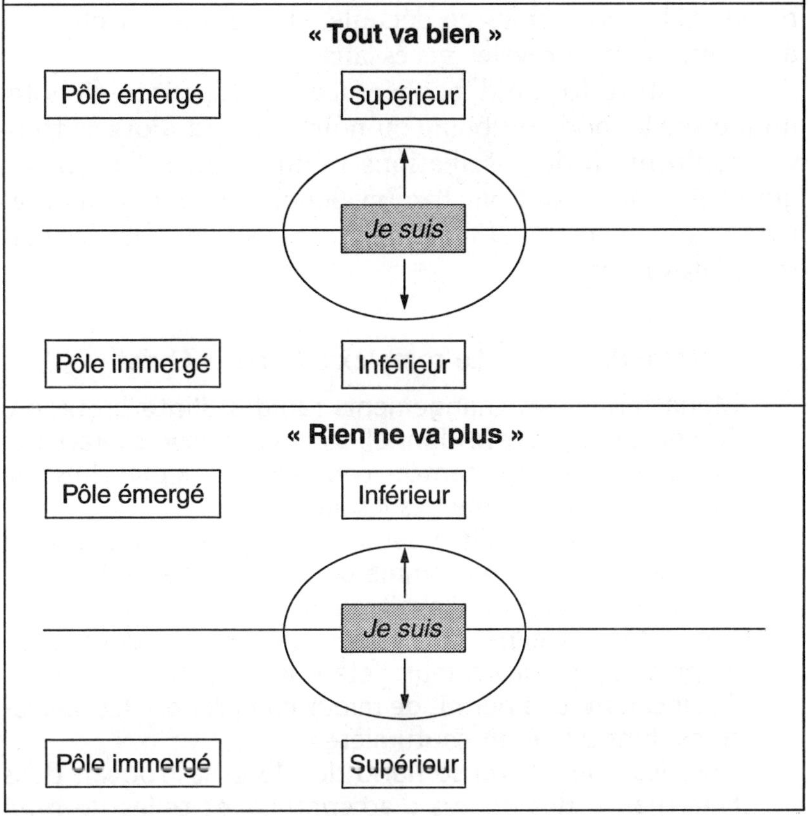

Fragmentation et oscillations

Les constructions personnelles peuvent se fragmenter, être incohérentes entre elles et provoquer des comportements contradictoires, si elles sont trop rigides, imperméables aux informations extérieures ou insensibles aux événements. On se trouve alors devant une personnalité divisée, incohérente, qui gère la réalité avec des systèmes de pensée provisoires et incompatibles. Ce phénomène s'observe souvent dans les scénarios de vie ou les suites d'un traumatisme psychologique significatif. L'incapacité à résoudre les problèmes en découle, et une aide psychologique peut alors se révéler nécessaire.

Une autre forme d'incohérence est la pensée dichotomique sur le mode du blanc ou noir. On peut alors se trouver confronté à des oscillations rapides entre deux pôles, qui se manifesteront par l'ambivalence des jugements portés sur autrui : ce fonctionnement est fréquent chez les personnalités limites.

Histoire de Mona : Le complexe de Jésus-Christ

Mona faisait des changements rapides d'interprétation. Son entourage professionnel, son mari et son thérapeute lui apparaissaient tantôt comme des « planches de salut », tantôt comme des « salauds ».

Nous avons retravaillé ensemble une lettre véhémente où elle s'était présentée comme une victime de sa thérapie. Cette lettre, elle me l'avait écrite après une séance qui s'était terminée par des remerciements : brusquement, de personnage protecteur, j'étais devenu un persécuteur. Cet incident lui a permis de mieux comprendre les oscillations dont elle était coutumière.

Une des origines du scénario de Mona se trouvait dans l'alternance des phases d'acceptation et celles de rejet face à son père qui avait abandonné sa mère. De la même manière, dans sa vie professionnelle, Mona jouait le rôle de la protectrice et de la réformatrice, s'attaquant aux injustices réelles ou supposées, ce qui l'épuisait. Je lui ai alors présenté ce schéma comme le complexe de Jésus-Christ : « Le monde est mauvais, je dois le sauver. »

Ce schéma, qui allait de la méfiance à l'obligation de réparer les injustices, a alors été mis en question. Mona avait toujours peur d'être perçue comme quelqu'un de nuisible ou d'irresponsable. La discussion de son schéma lui a permis une appréciation plus réaliste d'autrui. De même, elle est devenue plus consciente de ce qui

Méfiance et oscillations rapides entre deux pôles

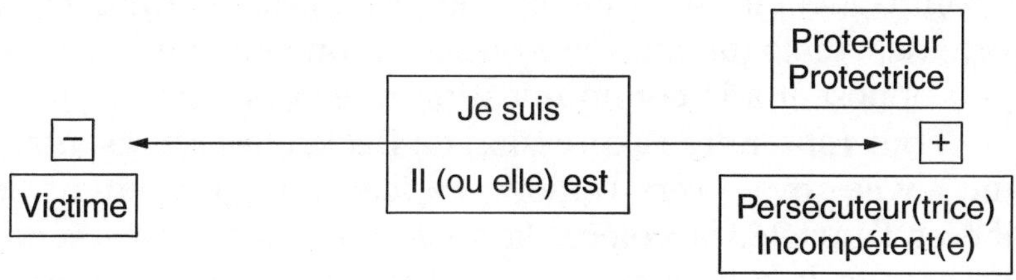

dépendait véritablement d'elle et des limites de son action. Il lui a alors été possible d'agir plus efficacement dans sa vie personnelle et dans son travail.

LE POIDS DES SCHÉMAS : LE MODÈLE DE BECK

Ce modèle décrit le fonctionnement mental selon trois niveaux : le niveau préconscient des pensées automatiques ; le niveau inconscient des schémas cognitifs ; et le niveau des erreurs logiques, où s'effectue le passage entre les schémas cognitifs et les pensées automatiques.

Pensées automatiques et monologue intérieur

Les travaux de Beck [1, 3], chez des personnes présentant une dépression, des troubles anxieux ou des troubles de personnalité, ont montré que certaines pensées ont tendance à apparaître rapidement, de manière automatique, comme des réflexes indépendants de la volonté.

Bien que situées à la périphérie de la conscience, ces pensées jouent un rôle important, car elles précèdent ou accompagnent les sentiments pénibles. Elles constituent une sorte de « dialogue interne » ou de « monologue intérieur », qui s'opposent à la communication interpersonnelle.

Pour reprendre l'expression de Beck, elles représentent une « voie royale vers l'émotion », car elles permettent de libérer l'anxiété, la colère, la tristesse et les autres sentiments que la personne évite d'exprimer sans s'en rendre compte. Elles permettent d'accéder aux structures profondes que sont les schémas cognitifs.

À la recherche des pensées automatiques

L'apport de Beck est d'avoir proposé une méthode nouvelle en psychothérapie pour aborder les phénomènes préconscients : la « sonde cognitive ». Elle consiste, devant l'apparition d'émotions, à demander à la personne de se concentrer sur sa pensée et de la raconter au thérapeute.

Ces « coups de sonde » cognitifs mettent au jour des significations reliées à des images, des mini-scénarios ou des vidéoclips qui constituent le problème central du patient : idées d'abandon, de perte, de rejet social, d'humiliation, de persécution, etc. Ces émotions et pensées automatiques sont déclenchées par des situations que le patient interprète systématiquement de manière négative, alors que d'autres interprétations sont tout aussi, voire plus, vraisemblables.

Les erreurs logiques

Les interprétations inadaptées de soi ou du monde se traduisent par une attention sélective face aux événements qui confirment les schémas cognitifs dont elles sont issues.

Ces dysfonctionnements de la pensée logique peuvent être regroupés en cinq grands types d'erreurs :
— l'inférence arbitraire qui consiste à tirer des conclusions sans preuve ;
— la généralisation à toutes les situations possibles à partir d'une expérience unique ;
— la maximalisation et la minimisation ;
— la personnalisation de tout ce qui peut aller dans le sens du schéma ;
— l'abstraction sélective qui consiste à tirer un événement de son contexte.

Les schémas cognitifs

Les schémas cognitifs dont parle Beck sont liés à des émotions et faits de croyances. Ils représentent des interprétations personnelles de la réalité qui vont influer sur les stratégies individuelles d'adaptation. Leurs caractéristiques ont été précisées dans de nombreux travaux[1].

Ces schémas ont une spécificité de contenu en fonction du type de personnalité ou du trouble de personnalité. Ils se traduisent par une vulnérabilité cognitive individuelle : souvent latents, ils vont être activés par des événements de vie spécifiques qui représentent un défi adaptatif pour un individu donné.

Le traitement de l'information

Le schéma ci-après présente une vision synthétique du modèle cognitif défini par Beck.

Prenons un exemple. Une personne évitante présentera un schéma qui lui fait anticiper un rejet social et fonctionnera avec le postulat suivant : « Je suis une personne sans intérêt ni valeur. » Elle va focaliser son attention sur l'observation sans indulgence de son propre comportement et arrivera difficilement à observer le comportement des autres

Personnalité et traitement de l'information

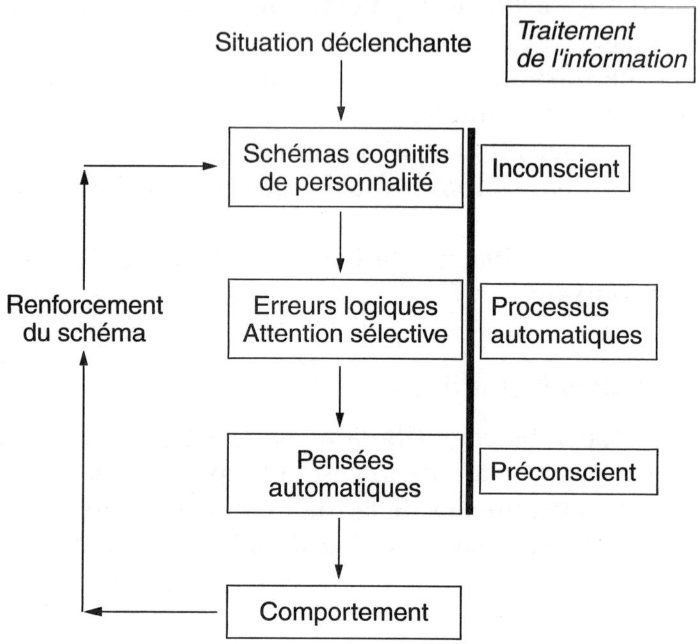

vis-à-vis d'elle-même, surtout s'il est amical. Elle va aussi se focaliser exclusivement sur les réactions négatives des autres, ou interpréter une attitude ambiguë comme un rejet.

Cette absence de recherche d'informations objectives va accroître ses interprétations négatives qui vont fonctionner en boucle. Elle aura ultérieurement un comportement d'évitement pour réduire les émotions et les pensées automatiques négatives. Elle se rejettera elle-même de la société. La prophétie du schéma se sera réalisée.

LES SCHÉMAS DE PERSONNALITÉ(S)

Les grands types de personnalités sont dominés par la présence d'un schéma dysfonctionnel rigide, excessif, absolu, qui contient des croyances qui vont bien au-delà de ce qui est requis par les normes du groupe, la religion ou la philosophie de l'individu.

Ces schémas de personnalité sont plus stables que les schémas que l'on retrouve dans les états anxieux ou déprimés : ils font partie de la vie quotidienne et sont, de ce fait, facilement activables par des situations banales ou par les relations humaines en général. Ils prennent automatiquement le pas sur des schémas plus réalistes.

Croyances et stratégies d'adaptation

On distingue, actuellement, plusieurs niveaux dans les structures sous-jacentes à la personnalité [4, 5].

— **Les croyances conditionnelles :** elles se présentent comme des postulats conditionnels suivant la formule « Si..., alors... » (par exemple : « si je parle en public, on va deviner que je ne vaux rien et me critiquer »). Des règles de fonctionnement et des obligations en découlent (« tais-toi », « ne sors pas », « reste à distance des autres »). La tyrannie des « tu dois » en résulte et guide la vie par ses injonctions qui ne souffrent pas la discussion.

— **Les croyances inconditionnelles** : ce sont des jugements définitifs et absolus. Le type en est : « je ne suis pas capable, je ne vaux rien ». Cette croyance inconditionnelle, ou croyance centrale, est reliée à un ensemble complexe de schémas. Les schémas que l'on retrouve dans les troubles de la personnalité sont en général négatifs et varient peu de trouble en trouble. Ils représentent des jugements en noir et blanc, sur soi, sur autrui et sur le monde. C'est ce que l'on appelle la pensée dichotomique, ou bipolarisée.

Comment une personne va-t-elle tenter de résoudre le problème que lui pose le scénario imposé par son schéma ? Ce sont les stratégies cognitives, émotionnelles et comportementales adoptées qui vont définir la trajectoire de sa personnalité et, donc, son histoire. Ainsi, le schéma inconditionnel « je ne vaux rien », en fonction des schémas conditionnels et des stratégies d'adaptation, va aboutir à des types de personnalité différents.

Le tableau suivant présente les relations entre schémas inconditionnels, schémas conditionnels, stratégies d'adaptation et personnalité à partir d'un seul schéma central : « je ne vaux rien ».

Schéma central inconditionnel	Schéma conditionnel	Stratégies Auto-injonctions Scénarios de vie	Personnalité
« Je ne vaux rien »	Si je ne fais pas ce que veulent les autres, je serai rejeté(e) et je finirai seul(e).	N'exprime jamais tes désirs personnels. Soumets-toi. Suis les autres.	Dépendante
« Je ne vaux rien »	Si les autres comprenaient qui je suis réellement, ils me mépriseraient.	Évite les autres. Ne les laisse pas approcher.	Évitante
« Je ne vaux rien »	Si je ne passe pas pour quelqu'un d'exceptionnel, je ne suis rien.	Utilise les autres à ton profit. Comporte-toi toujours comme si tu étais réellement le meilleur.	Narcissique

Schéma central inconditionnel	Schéma conditionnel	Stratégies Auto-injonctions Scénarios de vie	Personnalité
« Je ne vaux rien »	Si je ne vaux rien, c'est la faute des autres qui ne songent qu'à m'humilier et me nuire.	Méfie-toi des autres. Tais-toi. Ne parle pas. Attaque avant qu'on ne t'attaque.	Paranoïaque
« Je ne vaux rien »	Si je n'arrive pas à me contrôler et à contrôler les autres, je ne suis personne.	Quitte les autres avant qu'ils ne se rendent compte de qui tu es. Fais des crises pour tester leur amour. Règne sur eux en jouant de leurs émotions.	Limite (ou *borderline*)

Le poids du passé

Les schémas représentent en général un système rigide de prédictions sur le monde qui s'autoréalisent à partir d'expériences banales de tous les jours qui viennent les renforcer. Il s'agit d'éléments organisés à partir des expériences et des réactions du passé, qui forment un ensemble de connaissances cohérent et durable, capable de guider les perceptions et les évaluations ultérieures.

Toutefois, certains schémas sont reliés à des troubles précoces du développement. Ce sont surtout des schémas qui ont trait à l'autonomie, aux capacités relationnelles, aux valeurs morales, aux limites et standards sociaux. Young [9, 10] a proposé une classification de ces schémas en insistant sur le fait qu'ils se renforcent par des comportements répétés d'échecs qui les justifient.

Le contenu des schémas est latent et évité par la personne qui ne peut reconnaître qu'il guide sa vie. Dans la pratique clinique, on trouve principalement des schémas de dépendance, de manque d'individuation, de privation émotionnelle, d'abandon, de méfiance, d'impossibilité d'être aimé et d'incompétence.

Ces schémas ont été étudiés sur le plan psychométrique [8], à partir du « questionnaire des schémas », dans un échantillon important d'étudiants avec ou sans troubles de personnalité. Cet instrument d'évaluation comprend deux cent cinq questions, qui testent 16 superschémas ou modes.

L'analyse factorielle de ce questionnaire a extrait trois grandes dimensions de personnalité : la surconnexion (dépendance) ; la déconnexion (abandon et infériorité) ; le perfectionnisme. Ces trois dimensions étaient associées à un déficit de l'autocontrôle. Le tableau suivant (p. 159) représente les regroupements obtenus par cette analyse factorielle.

Une autre étude portant sur 433 sujets [6] a confirmé ce travail initial. Une version plus ancienne du questionnaire des schémas a été validée en France [7]. Ces deux versions ont été traduites en français [4].

L'enfermement dans un schéma

Pour expliquer qu'une personne se fige dans un fonctionnement rigide et inadapté, il faut qu'interviennent différents processus qui vont maintenir en place les schémas précoces dysfonctionnels que nous avons décrits.

Maintien des schémas par distorsion de l'information

Tout comme dans les médias des pays totalitaires où l'information est au service du pouvoir, les informations qui proviennent de l'extérieur sont ici filtrées pour servir le schéma. Celles qui confirment le schéma sont retenues, magnifiées, surgénéralisées et personnalisées. Celles qui vont à l'encontre du schéma sont modifiées ou rejetées.

Les principaux schémas

I. Déconnexion : perte du lien avec les autres
— Abandon
— Déficience
— Privation émotionnelle
— Inhibition émotionnelle
— Méfiance
— Peur de perdre le contrôle

II. Surconnexion : lien excessif avec les autres
— Dépendance
— Fusion
— Vulnérabilité
— Incompétence
— Infériorité

III. Perfectionnisme
— Idéaux exigeants
— Sacrifice de soi

IV. Autocontrôle insuffisant

Lorsque la validité du schéma est mise en doute par l'entourage ou bien au cours d'une thérapie, la résistance du patient est donc considérable. Le schéma se défend pour assurer sa survie en faisant passer dans un tunnel l'information qui le conforte et en rejetant toute information qui va l'obliger à l'inconfort d'un réarrangement.

Maintien des schémas par évitement

L'intensité des émotions négatives qui sont associées au déclenchement du schéma précoce peut conduire une personne à développer des procédés, conscients ou automatiques, qui bloquent toute connaissance du schéma.

L'évitement peut être cognitif, affectif ou comportemental, ou les trois à la fois.

Ainsi, afin de conserver ses distances, une femme schizoïde va fuir toutes les situations sociales où elle risque de rencontrer des hommes de son âge susceptibles de lui faire des avances. Elle investira des activités féminines en groupe ou des activités artistiques qui peuvent être menées à bien en solo.

Maintien des schémas par un double système de contrôle

Il semblerait qu'un double système de contrôle vienne également maintenir les schémas :

— **Un système de contrôle interne** fait d'autoévaluations, d'auto-injonctions, de prédictions concernant les autres, soi-même et les événements futurs. Il s'agit de pensées automatiques qui contrôlent le comportement et le provoquent : « tais-toi », « méfie-toi », « n'y va pas », « ils te jugent », « attaque-les tout de suite », « ils t'abandonnent ».

— **Un système de contrôle externe**, représenté essentiellement par le renforcement social du schéma, qui résulte des interactions avec autrui. Ainsi, l'agressivité du paranoïaque est justifiée par les rétorsions qu'il a lui-même provoquées ; l'absence d'égards du narcissique s'explique par sa *success story* ; les crises de la personne limite sont renforcées par l'attention des autres et le fait d'être traitée en enfant ; le perfectionnisme de l'obsessionnel-compulsif se satisfait de la réputation de fiabilité, d'intégrité et de dévouement ; la séduction de la personne histrionique se maintient par la popularité que lui valent ses entreprises de séduction ; etc.

Maintien des schémas par compensation et bipolarité

Dans ce cas, une personne « dépendante » se protégera en faisant montre d'une autonomie exagérée, refusant l'aide ou les conseils d'autrui. La personne qui a une faible estime de soi et dont le schéma est dû a des carences affectives dans l'enfance pourra développer ensuite un comportement narcissique destiné à compenser son sentiment d'infériorité.

BIOLOGIE ET CULTURE : AUX ORIGINES DES SCHÉMAS COGNITIFS

Mieux comprendre les origines des schémas cognitifs va nous permettre maintenant de boucler la boucle et de voir plus clairement la triple origine des scénarios de vie.

Schémas cognitifs et sélection naturelle

Les types de personnalités reflètent des stratégies sélectionnées au cours de l'évolution pour assurer la survie et la reproduction de l'espèce. Les schémas présentés correspondent à des structures adaptatives sélectionnées par un environnement et devenues inadaptées à un autre environnement. Ils ont présenté une valeur de survie dans l'histoire de l'individu ou bien de l'espèce et se sont ensuite maintenus par-delà leur utilité pratique.

Ainsi, l'attitude belliqueuse et soupçonneuse du paranoïaque peut avoir été un facteur de survie pour quelqu'un qui a dû traverser une guerre. De même, un comportement bruyant et histrionique dans la jungle peut avoir attiré des partenaires et facilité la reproduction. Ces deux comportements, en revanche, apparaissent inutiles dans un contexte plus civilisé. Il faudrait les relier aux structures neurobiologiques qui gèrent à la fois les émotions et les croyances qui ont été sélectionnées par l'évolution des espèces.

Des comportements comme la prédation, la rivalité, la sociabilité, la fuite devant le danger deviennent une source de problèmes quand ils sont excessifs, inflexibles et non maîtrisés. La variabilité du *pool* génétique pourrait expliquer les différences individuelles de personnalité.

En l'état, il s'agit là de spéculations qui demandent à être prouvées. Les relations entre les schémas et la culture, entendue au sens large, sont plus faciles à mettre en évidence.

Schémas cognitifs et culture

Les schémas peuvent être personnels, familiaux, culturels, religieux, liés au sexe ou à la profession. Par exemple, la dépression survient fréquemment chez des sujets qui ont un schéma perfectionniste de fonctionnement : quels que soient leurs résultats, ils les jugeront toujours insuffisants, tellement leur idéal est élevé. Or l'étude des parents de personnes déprimées a montré qu'ils étaient exagérément froids et centrés sur la performance de leurs enfants [(2)]. Peu d'affection, peu d'encouragements, beaucoup de critiques et l'assignation de buts élevés : telle est la recette pour créer des cognitions dépressives durables lorsque l'enfant sera devenu adulte.

Les schémas personnels ont pour le sujet l'évidence péremptoire que donne l'expérience qui les a formés et son vécu. Qu'il s'agisse d'expériences traumatiques ou d'éducation au long cours, les croyances peuvent tirer leur légitimité de la culture d'une nation, d'un groupe ethnique, social, professionnel ou familial. Ces croyances sont profondément imprimées dans l'inconscient de chacun par la vie de tous les jours. Du fait de leur installation par le surapprentissage et de leur renforcement par l'entourage social, elles ont force de loi et règlent le fonctionnement.

Il est parfois difficile de distinguer ce qui appartient réellement aux règles habituelles du groupe et ce qu'interprète abusivement une personne. Dans la mise en lumière des schémas cognitifs, la plus extrême attention doit donc être portée au récit biographique, qui est une reconstruction personnelle plus qu'une énumération des faits. Le récit biographique donne accès aux scénarios de vie et à la structure des schémas qui sont à évaluer en fonction du contexte culturel.

Les trois inconscients et les scénarios de vie

Le scénario de vie est une structure cognitive inconsciente rigide, pilote caché des répétitions. Il résulte de la somme des processus qui relient entre eux les trois inconscients. Ces relations sont représentées sur le schéma suivant qui place au centre la mémoire et ses différents niveaux.

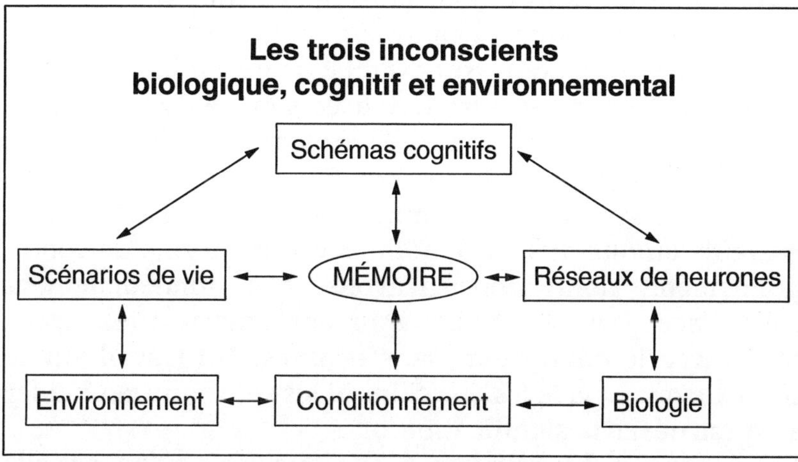

La mémoire est aussi bien le dépositaire des apprentissages et du sens de l'identité personnelle que des structures du langage ou des schémas cognitifs. Ceux-ci sont situés dans une partie particulière : la mémoire sémantique, qui représente la mémoire culturelle. Cette mémoire est une mémoire inconsciente ; c'est la mémoire du sens et des interprétations. C'est à son niveau que l'on trouvera les structures linguistiques, les cadres conceptuels et les schémas cognitifs. Les « scripts » ou scénarios qui vont orienter les actions y sont stockés, eux aussi. C'est donc là que se situent les schémas qui régulent aussi bien les actions simples de la vie que des plans d'action très complexes.

Les situations à forte charge émotionnelle vont activer cette partie de la mémoire et les schémas. Les émotions sont contrôlées par des stimuli qui, sans que nous le sachions consciemment, vont les déclencher. Comme l'a montré Marcel Proust dans *À la recherche du temps perdu*, c'est le goût de la madeleine trempée dans une tasse de thé qui rappelle les souvenirs d'enfance, ou la sensation sous le pied d'un pavé qui évoque Venise et fait resurgir un voyage oublié. Ce peut être aussi la tristesse incompréhensible ressentie un certain jour de l'année pour nous apercevoir, à la fin de la journée, que ce jour est l'anniversaire de la mort d'une personne chère dont nous avons oublié de fleurir la tombe. Ou la mélodie oubliée et retrouvée avec son cortège de souvenirs. Comme le chante MC Solaar, « l'allégorie des madeleines s'en va à la vitesse de Prost ».

Le contrôle par des stimuli visuels, tactiles, auditifs, gustatifs ou olfactifs des émotions est une forme de conditionnement dont nous n'avons pas immédiatement conscience. Des affects apparaissent sans relation apparente avec le contexte et sans pensées. Un travail sur le contexte qui évoque les émotions et les souvenirs peut aider à en retrouver la signification.

Les traits héréditaires biologiques, ce qu'on appelle souvent le tempérament, sont les briques à partir desquelles sont bâtis les édifices qui correspondent aux différents types de personnalités. Mais l'architecte silencieux de la personnalité est l'environnement familial et social. L'inconscient cognitif va se fonder sur les effets de l'éducation, des modèles sociaux, mais aussi sur les événements singuliers et en particulier les traumatismes, qui vont y déposer leur empreinte.

L'EXCEPTION ET LA RÈGLE

L'inconscient cognitif est fait de croyances qui aboutissent à des règles de comportement plus ou moins rigides selon la personnalité, les scénarios de vie et les circonstances.

Dans une de ses pièces de théâtre, *L'Exception et la Règle*, Bertolt Brecht a exploré avec brio le schéma paranoïaque. Il raconte l'histoire d'un riche voyageur qui traverse le désert avec un coolie, tout en portant sur lui une grosse somme d'argent. Le voyageur tombe malade, il est pris par la fièvre, il s'endort. Quand il se réveille, c'est pour voir son coolie penché sur lui : il croit qu'il vient le voler et le tue d'un coup de pistolet. Or le coolie venait pour lui donner à boire... Le voyageur est sauvé par les autres membres de la caravane qui racontent l'histoire. La veuve du coolie porte plainte pour meurtre, mais elle est déboutée par le tribunal.

Dans ses attendus, le jugement contient les remarques suivantes : le voyageur a simplement appliqué une règle : si un homme se penche sur un autre malade dans le désert, il y a de fortes chances que ce soit pour le voler. Le tribunal ajoute que les règles doivent être appliquées, mais que, « dans toute règle, il faut chercher l'abus ».

Troisième partie

LE DÉNOUEMENT DES SCÉNARIOS

Chapitre IX

Comment lire les scénarios de vie ?

Si l'éternité n'était pas d'un ennui mortel, on ne voit pas bien pas pourquoi les dieux auraient créé le monde. Un dieu sans divertissement est plus triste qu'un homme plein de misères. Les dieux dans leur ennui ont créé le monde pour se faire raconter des histoires, nos histoires. Et pour, ensuite, y intervenir avec une délectation perverse.

Aujourd'hui, on nous annonce périodiquement la fin de l'Histoire : le scénario de la fin des scénarios. Selon le moment, on affirme que le Jugement dernier est là, que le règne du bonheur arrive, que la société sans classes a enfin été réalisée, ou que le marché est le tsar du nouvel ordre mondial dont il serait vain de discuter les oukases. Qu'il s'agisse d'apocalypse ou d'un nouvel âge d'or, ces effets d'annonce sont toujours suivis de lendemains qui déchantent.

N'y aurait-il plus rien à dire, ou faudrait-il ne répéter que les histoires passées après avoir feint de les oublier ? L'histoire humaine continuera son chemin. L'histoire de l'univers continuera avec ou sans l'homme. Mais y aura-t-il quelqu'un pour la raconter ?

LA LÉGENDE IMPRIMÉE

Il suffit à chacun d'examiner ses propres souvenirs heureux ou malheureux et d'en discuter avec des témoins dignes de foi pour se rendre compte que le temps en a réécrit le scénario et a transformé les images du film de notre vie. La mémoire est un artiste qui ne retrouve pas le temps perdu, mais parvient à le recréer. Le tout est de savoir si cette recréation contient suffisamment de vérité.

Souvent, nous finissons même par croire aux histoires que nous racontons ou qui nous ont été racontées, alors que la vérité factuelle diverge totalement de la vérité narrative. C'est ce qui se passe dans le film de John Ford *L'Homme qui tua Liberty Valance* (1961).

Qui a vraiment tué Liberty Valance ?

Le film est un long flash-back dans lequel un homme politique célèbre raconte à un journaliste que, contrairement à ce que tout le monde croit, ce n'est pas lui qui a tué le fameux bandit Liberty Valance, mais un de ses amis qui vient de mourir. Il lui demande de démentir publiquement, par un article, cette fiction sur laquelle il a bâti sa carrière. Le journaliste s'écrie : « Pas question, ici c'est l'Ouest, lorsque la légende est devenue la vérité, il faut imprimer la légende. » Et l'homme politique, désabusé, repart prisonnier de sa légende : il sera toujours l'homme qui a tué Liberty Valance.

Raconter des histoires fait sans doute partie de la condition humaine, et on peut imaginer, à une époque très reculée, que le chasseur ou le guerrier rentrait dans sa tribu pour y raconter ses aventures. Petit à petit, le récit utile s'est transfiguré en fiction, puis en mythe.

Les mythes sont ces fictions qui expriment une vérité. Ils correspondent à un nombre limité de récits collectifs, qui parcourent notre culture et contribuent ainsi à forger notre identité personnelle. Ils se retrouvent dans la littérature, le cinéma, les histoires de vie et les histoires récurrentes que sont les scénarios de vie.

De ce point de vue, tout scénario de vie représente la vision du monde d'un individu à travers le prisme de la culture. Il se traduit donc volontiers en images. En psychothérapie, des métaphores ou des rappels de fictions apparaissent souvent de manière inattendue dans le discours des patients. Ceux-ci veulent alors délivrer un message facile à comprendre, car celui-ci renvoie à la mythologie commune et à l'inconscient collectif. À l'inverse, le thérapeute peut utiliser les romans, les mythes ou les films pour aider une personne en thérapie à accroître sa compréhension de sa propre situation [5, 6].

Mythe et schéma cognitif

Vernant [14] a montré que, pour un Occidental, le mythe est une fiction qui lui semble absurde. En fait, le mythe a une forme de logique qui est liée à des « opérations de bascule qui renversent un terme en son contraire ». Lévi-Strauss [7] a, lui aussi, souligné que le mythe impose une forme cognitive à la vie affective : « Ce schème consiste en un ensemble de règles destinées à rendre cohérents des ensembles d'abord présentés comme incompatibles, sinon contradictoires. » J'ajouterais volontiers que cette forme logique, ou schème, est liée aux opérations mentales et à leurs lois de fonctionnement qui ont été mises en évidence par la psychologie cognitive. Celui qui raconte un mythe, une histoire, ou qui l'écrit, obéit à des contraintes formelles qui sont celles du fonctionnement de sa mémoire et de ses compétences linguistiques.

Ainsi, les mythes sont très proches des schémas cognitifs ou des constructions bipolaires qui nous permettent d'interpréter le monde en termes opposés : bon/mauvais, utile/inutile, supérieur/inférieur, correct/incorrect. Comme nous l'avons vu, ces constructions personnelles servent à juger les événements et à prendre des décisions. Si elles sont rigides, elles génèrent un « destin » qui n'est rien d'autre que la répétition des mêmes jugements, des mêmes erreurs et des mêmes comportements.

Le mythe, lui aussi, est une construction qui permet d'interpréter le monde, mais il s'agit d'une construction collective qui va influencer les interprétations que nous donnons de la vie. Le mythe, lui aussi, a deux pôles et des bascules d'un pôle à l'autre : il n'y a pas de mythe sans contre-mythe. Un mythe peut donc être considéré comme un récit qui traduit l'opposition de deux pôles de notre fonctionnement mental : le thème immémorial du traître et du héros est une histoire récurrente qui montre comment le héros s'y inverse en traître, et *vice versa*.

Histoires récurrentes, inconscient collectif et psychothérapie

Bien qu'un récit soit verbal, l'image y occupe une place centrale, car le récit correspond aux images mentales du narrateur et à celles qu'il suscite chez son auditeur. Dans une perspective psychothérapique, le scénario de vie est une construction personnelle à deux, qui fait appel à un fonds culturel commun et à des schémas familiaux, sociaux, qui modèlent la dimension individuelle.

Shakespeare fait dire à Macbeth que « la vie est une histoire racontée par un idiot à un imbécile, pleine de bruit et de fureur, et qui ne signifie rien ». La psychothérapie consiste, pour une part, à établir un consensus sur la signification d'une narration personnelle. Mais, plus que personnelle, cette narration est un récit à valeur collective qui renvoie à un nombre limité de situations dramatiques possibles. On joue tous les jours *Macbeth* sur la scène où se déroule la quête du pouvoir : la signification d'un assassinat politique, même moral, est comprise de tout le monde. Il en va de même de la plupart des situations de la comédie ou de la tragédie humaine.

Les scénarios de vie, tout comme les scénarios de films, nous renvoient donc à l'inconscient collectif. L'inconscient collectif est la somme des schémas cognitifs partagés à l'intérieur d'un système culturel et qui nous permettent d'interpréter le monde. Voici comment on peut représenter le fonctionnement d'un scénario de vie et son articulation avec les schémas cognitifs et la culture familiale, groupale ou sociale.

Schémas cognitifs et scénarios de vie

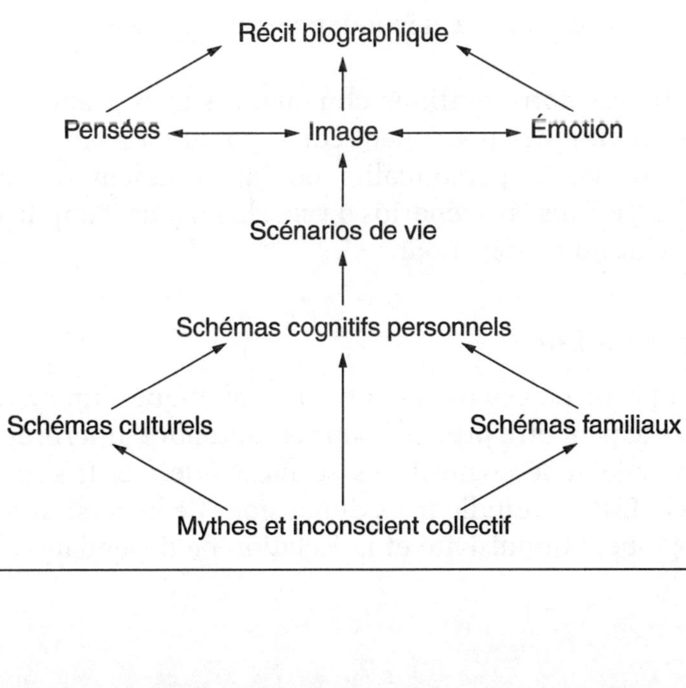

LE DÉCHIFFRAGE DES SCÉNARIOS

Qu'il s'agisse d'histoires de vie, de scénarios personnels, de films, de romans ou de mythes, tous ces récits, de notre point de vue, constituent le *remake* de quelques scénarios fondamentaux qui se répètent à l'intérieur d'une culture et circulent d'une culture à l'autre.

Il nous semble que trois grands constrastes mythiques figurent au cœur de ces (re)constructions :

— **Les mythes contrastés du savant et du magicien :** dans cette construction, la pensée logique est opposée à la pensée magique.

— **Les mythes contrastés de Narcisse et d'Ulysse :** dans cette construction, l'impulsivité et le narcissisme sont opposés à l'autocontrôle.

— **Les mythes contrastés de Tristan et de Don Juan :** dans cette construction, la dépendance est opposée à l'autonomie.

D'après notre pratique clinique, ces trois grands constrastes mythiques pourraient correspondre à trois superdimensions de la personnalité qui apparaissent de façon privilégiée dans les scénarios de vie : la logique, l'impulsivité et la relation de dépendance.

Le modèle LIR

À partir de ces trois contrastes mythiques, un système tripartite peut être proposé pour comprendre, interpréter et mesurer le style cognitif des scénarios de vie. Il s'agit du modèle LIR qui étudie trois dimensions de la personnalité : la Logique, l'Impulsivité et la Relation de dépendance [4].

Le schéma suivant montre le modèle LIR appliqué à une personne « normale » dans notre société, où les pôles de la magie, de l'impulsivité et de la relation de dépendance sont immergés tandis que les pôles de la logique, du réalisme et de l'autonomie sont émergés.

Le modèle LIR
Logique, Impulsivité et Relation de dépendance

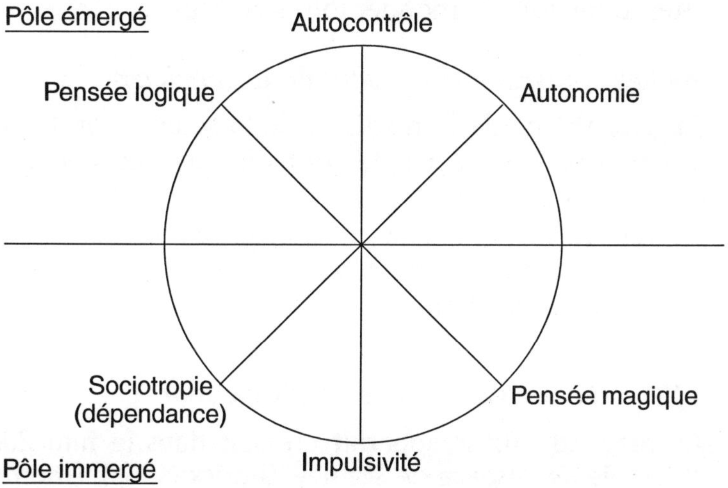

L'échelle LIR mesure ces trois dimensions, fréquemment retrouvées au cours des thérapies cognitives et, sans doute, dans d'autres formes de psychothérapie. Pour l'instant, cette échelle n'a pas de normes et doit être étudiée dans diverses populations pour être complètement validée (voir p. 235 et, en annexe, p. 265). Elle indique une sensibilité au changement en psychothérapie, comme nous allons le voir dans les exemples présentés.

Logique et magie : la dimension L

Nous devons tous, au cours de notre vie, développer la pensée logique selon des stades qui ont été étudiés par Piaget [9]. La pensée logique concrète remplace vers 7 ans la pensée magique, animiste, intuitive et égocentrique. À partir de 12 ans, ou plus tard, le sujet atteindra le stade des opérations logiques abstraites. Mais ce dernier stade n'est pas atteint par tout le monde, loin s'en faut...

Les mythes contrastés du savant et du magicien

Liés au thème de la magie et de la science, on trouve, à une extrémité du spectre, les films fantastiques et, à une autre, les films de science-fiction, seul genre cinématographique véritablement moderne. Ces derniers traduisent en général l'anxiété devant les pouvoirs de la science et sa capacité de transformer l'homme.

2001, scénario de vie ou scénario de mort ?

Ce ressac du futur apparaît en clair dans le film *2001, l'odyssée de l'espace* de Stanley Kubrick (1968). L'homme lutte contre un ordinateur plus intelligent que lui, persécuteur omniscient et omniprésent qui le voit agir et anticipe ses réactions. Ce film pose au fond la question suivante : que va devenir l'homme avec le progrès technique ? Que va-t-il rester de la personnalité, de la personne et même de la nature humaine. Qu'y a-t-il au-delà de l'homme ?

L'ouverture du film, sur la musique pompeuse et tonitruante qu'a écrite Richard Strauss pour illustrer *Ainsi parlait Zarathoustra,* fait référence au livre du penseur du surhumain : Friedrich Nietzsche. Le véritable sujet de *2001* est le surhumain et le devenir de l'espèce humaine. Ne voyons-nous pas arriver le temps du dernier homme ?

L'angoisse de dépersonnalisation, ou plutôt de déshumanisation, face aux progrès de la science est perceptible tout le long du film. Et le monde futuriste de 2001, évoqué dans ce film de 1968, est celui qui est en train de se réaliser aujourd'hui sous nos yeux : un monde sous contrôle informatique, où l'altération du génome est envisageable et où toute décision importante a un effet global.

Devant l'accélération de la science et la perte des repères stabilisateurs, le recours à la magie devient une réponse personnelle, et toute-puissante, aux problèmes de l'époque. Les sectes se sont développées au même rythme que la science dont la croissance a été exponentielle au siècle dernier.

Science et magie sont donc un des couples infernaux qui expliquent certains scénarios de vie. Il s'agit souvent du thème récurrent d'une mort possible de l'humanité envahie par des Aliens, des Réplicants, des robots, des créatures venues d'ailleurs, manipulée par des savants fous, des généticiens pervers ou des *world companies* cyniques. Bien entendu, ces sont les scénarios où la pensée logique est le plus mise à mal, bien qu'un fond de vérité puisse s'y retrouver. On peut être valablement inquiet des modifications imposées par l'homme à l'écosystème où nous vivons et par le fait que leurs conséquences sont loin d'être comprises et encore moins maîtrisées.

Pensée magique et pensée logique

Les constructions personnelles dominées par le couple science/magie sont structurées suivant un pôle où on trouve la logique, la recherche scientifique, l'utopie scientifique positive et un autre pôle où se situent les croyances bizarres tributaires de la pensée magique. Elles opposeraient donc le pôle de la pensée logique et le pôle des « croyances » retrouvées habituellement chez les personnalités paranoïaques, schizoïdes et schizotypiques, c'est-à-dire dans le premier groupe de personnalité défini par le DSM-4 [1].

Impulsivité et autocontrôle : la dimension I

C'est le deuxième couple d'opposés dans le modèle LIR. À l'une des deux extrémités de cette dimension, il y a le réalisme et l'autocontrôle, très valorisés dans notre société actuelle et souvent incarnés dans le passé par des personnages mythiques. Ces héros réalistes et altruistes apparaissent dans les scénarios positifs d'amitié, d'amour non possessif ou dans les histoires relatant les solutions ingénieuses trouvées par le personnage principal face aux dangers communs et à la guerre. Le prototype s'en trouve dans le mythe d'Ulysse, mythe de l'exploration, de l'intelligence et de la survie, mais aussi mythe visuel.

Mon nom est personne

Ulysse veut se sauver avec ses compagnons de la caverne du Cyclope Polyphème. Quand le Cyclope lui demande son nom, il lui répond qu'il s'appelle « Personne ». Après avoir crevé l'œil unique du monstre, il s'enfuit avec ses compagnons.

Mais le Cyclope le poursuit et demande aux autres Cyclopes de l'aider, car il est aveugle. Les autres Cyclopes l'interrogent : « Qui t'a crevé l'œil ? », et Polyphème de répondre : « Personne. » Alors, les autres Cyclopes lui disent : « Si Personne ne t'a crevé l'œil, c'est que tu es fou de te plaindre. » Et Ulysse et ses compagnons peuvent s'échapper.

Que nous dit le mythe d'Ulysse et du Cyclope ? Que celui qui a assez peu de vanité pour accepter de s'appeler Personne, plutôt qu'Ulysse, roi d'Ithaque, mérite de survivre. C'est un mythe où l'on voit l'intelligence dégonfler la prétention. On pourrait en formuler ainsi la morale : « Nous avons beau nous prendre pour des géants, un rien peut nous aveugler et nous rendre fous. » À l'opposé, on trouve l'impulsivité et le narcissisme — c'est-à-dire la dépendance à sa propre image reflétée dans le regard des autres —, qui peuvent, eux aussi, être illustrés par un mythe fondateur : celui de Narcisse.

Comme dans un miroir, obscurément

Narcisse, beau jeune homme de la mythologie grecque, est amoureux de sa propre beauté, au point de négliger la nymphe Écho, dont la voix se répercute dans les collines environnanes. Narcisse, à force de se regarder dans l'eau d'une fontaine, finit par s'y jeter pour se rapprocher de sa propre beauté. On dit que quand l'ombre de Narcisse traversa la rivière qui encercle le monde des morts, elle se pencha sur le bord de la barque pour entrevoir une dernière fois son reflet dans l'eau. Voilà un beau raccourci qui condense la dépendance à l'image de soi avec l'impulsivité du suicide.

Le pôle narcissique correspond à certaines personnalités du deuxième groupe du DSM-4, lequel englobe les personnalités narcissiques, les personnalités limites et les personnalités histrioniques. Il apparaît également chez les personnes souffrant d'accès de boulimie suivis de vomissements forcés, pour maintenir l'image narcissique d'un corps parfait.

On connaît les ravages produits par le mythe du corps androgyne et parfait qui s'est imposé comme un stéréotype de la beauté féminine à partir des années 1960. L'adhésion massive au mythe du top model (dont les photos sont toujours retouchées) a sans doute révélé des traits de personnalité qui, sans cela, seraient restés latents. Sans ce marketing de la forme, un nombre croissant de jeunes femmes ne se croiraient pas obligées de forcer leur physiologie à obéir à cet impératif narcissique.

Relation de dépendance et autonomie : la dimension R

C'est la troisième et dernière dimension prise en compte dans le modèle LIR. Nous avons déjà abordé le problème de la surconnexion, qui correspond à un lien excessif avec les autres ; nous allons maintenant en examiner les aspects mythiques.

Deux grands mythes peuvent illustrer chacun des deux pôles que sont la dépendance et l'autonomie : celui de Tristan et Iseut, étudié en détail par Denis de Rougemont (11), et celui de Don Juan, analysé notamment par Otto Rank (10). À ma connaissance, le fait que ces deux récits soient les faces contrastées d'un même mythe opposant dépendance et autonomie n'a pas été développé.

Tristan et Iseut : l'éternel retour de l'éternel triangle

On connaît l'histoire de Tristan et Iseut, vieux mythe celte datant au moins du VIIIe siècle. Dès le XIIe siècle, il en existait une version anglaise, française, allemande et norvégienne (12, 13). En voici la trame.

Le scénario de Tristan

Tristan est le neveu du roi Marc qui règne quelque part en Angleterre, ou en Bretagne. Marc envoie son neveu chercher sa fiancée en Irlande, la blonde Iseut. Tristan doit tuer un dragon, le Morholt, pour délivrer Iseut qui le soigne. Sur le bateau du retour, Iseut donne à Tristan un philtre, le « vin herbé » ; ils tomberont amoureux l'un de l'autre. Iseut épouse Marc et, après une situation triangulaire difficile et une fuite dans la forêt, où les deux amants ne consommeront pas l'adultère, Iseut regagne

> le lit de Marc. Tristan part en exil avec son fidèle écuyer Courneval. Il est mortellement blessé dans un combat et appelle Iseut au secours. Celle-ci arrive trop tard et se suicide sur son cadavre.

Ce mythe immémorial est issu probablement des tribus pictes de la région d'Édimbourg, où il était coutume que la femme du roi déniaise son neveu[13]. Il raconte l'histoire d'une dépendance amoureuse, passionnelle et suicidaire, qui résulte de la prise d'un philtre mystérieux : le vin herbé. La culture d'Europe du Nord valoriserait-elle la séquence plaisir, dépendance et mort ? L'herbe mélangée au vin que boivent Tristan et Iseut ne rappelle-t-elle pas une autre herbe, le cannabis ?

Tristan, dès sa naissance, est pris dans le scénario de la vie de ses parents. Il est né au moment où son père mourait à la guerre. Sa mère lui impose d'emblée son propre schéma dépressif : « Puisque je suis triste, je t'appellerai Tant Triste, ou Tristan », nous dit la version française du mythe écrite par Béroul. Cette idée sera reprise par Wagner au troisième acte, dans le récit que Tristan fait de sa vie avant de mourir : « *Muss ich dich so verstehen, du alte ernste Weise mit deiner Klage Klang ?* » (« Dois-je ainsi te comprendre, toi vieille et grave mélodie avec ton accent de désolation ? »)

Toutefois, l'histoire de Tristan est aussi une histoire de cocu. Le roi Marc, l'oncle de Tristan, est l'époux légitime de la reine Iseut. Loin de l'interprétation tragique de Wagner, d'autres versions présentent des scènes de vaudeville où Iseut substitue sa servante dans le lit du roi pour passer la nuit avec Tristan. Le mythe est donc la matrice de toutes les histoires tragiques ou comiques dont le scénario est triangulaire. C'est l'histoire de l'éternel retour de l'éternel triangle. Mélodrame et comédie de boulevard ne sont souvent que des variations sur le thème du triangle heureux ou malheureux.

Don Juan : l'amour en fuite

On peut opposer Tristan à Don Juan. Tristan est passif, dépendant, toxicomane : sa dépendance amoureuse est due au philtre que lui a fait boire Iseut, femme active et dominatrice. Don Juan, lui, est un chercheur de sensations, sans passion ni compassion, sans souci de transcendance. Il fuit ses conquêtes plus qu'il ne s'en sépare. Don Juan est aussi un héros sudiste, athée et non-conformiste, qui s'oppose au Tristan celte, coupable et déchiré entre deux loyautés : celle qu'il doit à son roi et celle qui le lie à Iseut. Aucune version de Tristan n'existe au sud des Alpes ou des Pyrénées, où le mythe de Don Juan, en revanche, s'épanouit (« Mais en Espagne mille et trois... », chante le valet Leporello quand il fait le catalogue des conquêtes de son maître).

Le mythe de Don Juan représente sans doute la matrice de toutes les histoires de transgression des règles sociales : le film policier et ses mauvais garçons, le western et ses hors-la-loi en sont issus. Il dresse le portrait à la fois d'un séducteur et d'un assassin : Don Juan tue le commandeur, qui le surprend dans la chambre de sa fille. Le retour de la statue du commandeur qui vient emporter Don Juan en enfer satisfait la morale, mais elle n'est rien d'autre que la version archaïque des preuves médico-légales qui permettent de confondre un assassin. La statue du commandeur correspond au cadavre que recherchent les policiers pour confondre l'assassin et le mettre en prison. Un cadavre-policier vient régler les comptes dans l'ancêtre du polar qu'est le mythe de Don Juan.

Dépendance et indépendance

Le mythe de Tristan et Iseut et son inverse, le mythe de Don Juan, nous renvoient à deux pôles opposés de personnalités : la dépendance et l'indépendance, qui ont été décrits sous les noms de sociotropie et d'autonomie.

— **Le pôle de sociotropie** correspond aux personnalités dépendantes, évitantes, obsessionnelles-compulsives (3), c'est-à-dire au troisième groupe de personnalités défini par le DSM-4.
— **Le pôle correspondant à l'excès d'autonomie** regroupe les types de personnalités antisociale et narcissique.
— **Les oscillations entre le pôle de sociotropie et le pôle d'autonomie** correspondent souvent à des personnalités histrioniques et limites.

A priori, l'autonomie ou la sociotropie ne sont pas des traits négatifs : ce sont des dimensions de la personnalité sur lesquelles chacun peut se situer. L'autonomie est certainement un facteur de santé mentale, comme l'ont montré plusieurs études ; en revanche, l'excès d'autonomie peut entraîner l'échec chez une personne dont les projets personnels ne se réalisent pas : elle trouve alors ses limites devant les lois du groupe social, ou quand son absence de coopération entraîne son rejet par les autres. Les personnes antisociales ou narcissiques, qui représentent l'extrême de la dimension d'autonomie, ne font d'ailleurs de demande de psychothérapie que lorsqu'elles sont déprimées par un échec important qui remet en question leur fonctionnement.

On peut évidemment inverser la proposition pour la sociotropie, qui est simplement l'inverse de l'excès d'autonomie : l'absence de dépendance conduit à une autonomie excessive ; l'absence d'autonomie conduit à une dépendance extrême. Celle-ci peut alors se manifester par des épisodes dépressifs en cas de perte du soutien social ou de l'estime des autres, qui sont des bases nécessaires pour l'estime de soi.

MYTHE ET PSYCHOLOGIE

Afin d'illustrer les correspondances qui existent entre les formes mythiques et les formes psychologiques, je vous propose de développer un thème qui sera traité sous ces deux aspects. Il s'agit du thème de la violence familiale et des secrets de famille.

Violence familiale et secrets de famille : un mythe universel

Ce thème est récurrent dans les films ou les feuilletons du siècle dernier. Par exemple, la volonté aveugle de puissance des pétroliers texans aboutit dans le feuilleton *Dallas* à une série de catastrophes familiales. Mais *Dallas* n'est jamais qu'un *remake* médiocre de deux excellents films sur la vie des rois du pétrole : *Écrit sur du vent* (1955) de Douglas Sirk et *Géant* de George Stevens (1956).

Écrit sur du vent

Dans les trois films, le nœud de l'intrigue est essentiellement la légitimité du pouvoir : est-ce que ce sont les enfants légitimes qui doivent hériter du pouvoir et de l'argent, ou bien les enfants naturels ou adoptés ? Ici, le *soap opera*, le mélo et le cinéma rejoignent les schémas de la tragédie classique : le ressort est le même.

Dans *Géant*, Jet est (peut-être) le très jeune amant de la sœur du riche propriétaire. Vieille fille, celle-ci lui lègue, à sa mort, un terrain sans intérêt qui se révèle gonflé de pétrole. Jet trouve ainsi sa légitimité pour entrer dans le club des milliardaires, mais ceux-ci finiront néanmoins par le rejeter. Dans *Écrit sur du vent,* Mitch est le fils qu'aurait aimé avoir le riche propriétaire déçu par ses enfants : une fille nymphomane et un fils alcoolique. La fille élimine le fils et recueille tout l'héritage, mais elle perd Mitch. Dans *Dallas*, Ray est le fils naturel du riche propriétaire Ewing, et donc le frère de l'infâme JR, ce qui va entraîner de multiples rebondissements.

Toutefois, le « mélo familial type » est sans doute l'histoire d'Œdipe. Envisagée sous l'angle texan, le ressort dramatique de la tragédie de Sophocle n'est peut-être pas tant le désir d'inceste que l'histoire de l'enfance, la réussite et la chute d'un homme de pouvoir, colosse aux pieds d'argile.

Œdipe : un infanticide différé

Œdipe est abandonné, les pieds attachés et donc gonflés, par ses parents qui règnent sur Thèbes. On a, en effet, prédit à ces derniers que leur enfant ferait leur ruine. Mais Œdipe survit et il est élevé par des parents de remplacement. Ignorant sa véritable identité, il revient à Thèbes. Parce qu'il a été capable de deviner l'énigme du Sphinx, il épouse sa mère et devient roi. En cela, il prend la place du roi légitime qui aurait dû être le frère de la reine. La peste tombe sur Thèbes. Pour apaiser les dieux, le devin lui révèle qu'il est le fils de sa femme. Œdipe se crève alors les yeux.

Le nom même d'Œdipe veut dire « qui a les pieds gonflés ». La métaphore en grec a le même sens qu'en français : Œdipe a les chevilles qui enflent. C'est une personnalité narcissique : le héros a toute la démesure de quelqu'un qui réagit contre l'humiliation par une insatiable quête du pouvoir.

La répétition du scénario

L'histoire d'Œdipe est celle d'un enfant abandonné, obligé de compenser son infériorité initiale par l'intelligence et la violence. Il devient même, sans le savoir, meurtrier de son père, qu'il a rencontré sur le chemin de Thèbes, car il ne veut pas lui céder le passage. La punition que s'inflige Œdipe, se crever les yeux, résulte de ce qu'il voit sa vérité. Il n'est qu'un enfant abandonné par des parents qui ont pensé à eux avant d'avoir pensé à lui.

Ce qui se répète tout au long du scénario de vie d'Œdipe, c'est la violence : violence des parents sur l'enfant et violence de l'enfant vis-à-vis de tous ceux qui lui font obstacle. Œdipe est un héritier légitime écarté du pouvoir, car il représente un danger pour son propre père. En revenant à Thèbes, il se légitimise par sa valeur, car il est le seul capable de comprendre l'énigme du Sphinx. Il devient ainsi le roi qu'il était par la naissance. Mais il retombe dans l'illégitimité : au moment où il découvre qu'il est le mari de sa mère, il doit abandonner la couronne. Le véritable enjeu de la tragédie d'Œdipe n'est pas tant la sexualité que le pouvoir.

Marcel Pagnol a repris le thème d'Œdipe en le transposant dans le monde provençal et l'on va se retrouver dans un monde qui est très proche finalement de celui de *Dallas*. L'enjeu, tout compte fait, sera surtout le territoire, l'argent et le pouvoir.

Œdipe provençal : *Jean de Florette* et *Manon des sources*

On connaît le scénario : Jean de Florette est le fils du Papet, mais sa mère s'est enfuie, car le Papet était au service militaire et ne pouvait légitimer l'enfant. Il revient occuper un terrain proche de celui du Papet qui va faire en sorte qu'il soit totalement incapable de le cultiver pour le racheter à bas prix. Il succombe sous la tâche ; le Papet triomphe, obtient le terrain, mais, des années après, se déclenche une sécheresse dans le pays. Finalement, c'est une vieille aveugle — les devins sont toujours aveugles dans la tragédie — qui révèle au Papet la situation : Jean de Florette était son fils.

Le « destin » est, cette fois, représenté par les postes qui ne font pas parvenir la lettre qu'envoie Florette au Papet pour lui annoncer qu'elle est enceinte de lui. C'est un scénario en toile d'araignée où, pour préserver l'image d'une famille, on cache la naissance de Jean de Florette : Florette quitte le village. Finalement, afin de laisser un héritage à son neveu Ugolin, le Papet a tué son propre fils sans le savoir.

Les ressemblances entre le mélo provençal et l'histoire d'Œdipe sont évidentes. Cette fois, c'est le père qui tue le fils, mais il faut rappeler que, dans l'histoire d'Œdipe, le père voulait aussi tuer le fils, puisqu'il l'abandonne, bébé, dans les montagnes : l'histoire d'Œdipe débute par un infanticide manqué.

La sécheresse provoquée par Manon, fille d'Ugolin, est tout à fait identique à la peste qui s'abat sur Thèbes. De même, le curé annonce qu'il faut chercher des responsables de la sécheresse chez les pécheurs de la commune, tout comme dans la tragédie grecque on cherche des responsables de la peste. Il peut s'agir d'un démarquage tout à fait conscient de la part de Pagnol. Mais, si ce mélo a un impact sur le public, c'est qu'il retrouve les structures habituelles de la tragédie. Elles sont les mêmes dans la tragédie grecque, le mélo texan ou le mélo provençal.

Violence et secrets de famille : un récit actuel

Les secrets de famille ressemblent à un jeu dont le sens est absent. Une pièce importante manque dans un puzzle, qui ne peut être valablement reconstitué sans elle. Ce lien absent est difficile à retrouver, car sa redécouverte activerait la désillusion, l'angoisse ou provoquerait une dépression. Il se peut aussi que l'entourage ait si bien caché la vérité que c'est le hasard qui apporte l'information décisive qui donnera un sens à l'ensemble de l'histoire.

Cette situation correspond souvent à des scénarios dans lesquels une famille, ou un groupe, a falsifié un événement qui demeure d'autant plus actif qu'il reste caché. Ce peut être une adoption, un enfant adultérin, un suicide masqué en accident ou transformé en mort naturelle, un crime, une faillite ou des violences sexuelles oubliées, niées ou jamais dites.

Il est plus facile au thérapeute qui analyse à froid le scénario d'imaginer qu'une vérité masquée fait fonctionner l'histoire tout comme au cinéma. Toutefois, c'est la mémoire, ou le travail du patient sur son histoire, ou l'affrontement d'une vérité désagréable qui apportera la clé de l'énigme. Il faut parfois plusieurs thérapies pour retrouver le maillon manquant de l'histoire.

Camille, ou la vie secrète de Cendrillon

Camille vient d'un pays limitrophe proche de la France. Elle consulte à la suite de plusieurs thérapies de type analytique.

Une veuve anxieuse

Camille se présente comme une personnalité de type limite, avec des manifestations d'impulsivité et une dépression d'intensité modérée, accompagnées de passages à l'acte et de difficultés relationnelles importantes.

C'est un échec à un examen qui a déclenché les premiers épisodes dépressifs. Camille a néanmoins poursuivi des études qui l'ont conduite à un niveau assez élevé, mais son anxiété l'a empêchée de passer l'examen final. Les difficultés actuelles ont été déclenchées par la disparition de son compagnon, il y a trois ans. À sa mort, elle a pris le « statut de veuve » et s'est repliée dans un monde idéal et imaginaire où elle le retrouve.

La thérapie de Camille durera onze mois, soit un total de trente-deux séances hebdomadaires d'une heure, car

Camille a les moyens de se déplacer et ne souhaite pas être traitée dans son pays. Un médecin généraliste prescrit des antidépresseurs qu'elle ne prend pas.

Évitement et dépendance

Camille débute la thérapie sur un mode souffrant, dépendant et un peu revendicateur. Elle a une image négative d'elle-même qui se traduit par des relations dépendantes et insatisfaisantes. Après avoir eu une réaction assez négative à la thérapie, elle commence à entrer dans une phase plus productive. La thérapie va se centrer sur les schémas de personnalité. Il s'agit d'un problème à la fois d'évitement et de dépendance.

Le postulat inconditionnel « je ne vaux rien » est articulé au postulat conditionnel « si je montre des émotions ou de la fatigue, je ne serai pas à la hauteur ». La règle est d'éviter les contacts avec les autres. Les pensées automatiques, à ce moment-là, sont : « Je suis idiote, j'ai juste le droit de me taire et de travailler. » Petit à petit, un scénario de vie compliqué se fait jour, marqué par la dépendance à un groupe d'amis.

Un abus secret

Au fil des séances, Camille s'améliore sur le plan de l'anxiété sociale et devient capable de mieux réussir dans son travail et d'envisager de terminer ses études. Portée peut-être par ce mouvement de changement, elle aborde, un jour, un point de biographie qui, semble-t-il, n'a pas été travaillé dans les thérapies précédentes. Sa mère, après que son père ait divorcé, s'est remariée. Alors qu'elle avait environ douze ans, son beau-père a abusé d'elle. Il en a résulté un sentiment d'insécurité et de dévalorisation qui sera ensuite discuté en thérapie.

L'histoire de Cendrillon

Suite à cet événement profondément occulté, Camille a reconstruit une structure familiale avec son groupe d'amis. Finalement, une métaphore lui vient à l'esprit quand elle me raconte son histoire : « Je suis Cendrillon. » Je lui demande alors de travailler sur le mythe bien connu et qu'on retrouve dans de nombreuses cultures occidentales ou orientales [(2)].

L'histoire de Cendrillon est, en effet, celle d'une jeune fille très jolie, humiliée par une marâtre qui est la seconde épouse de son père et par ses demi-sœurs. Réduite à s'occuper du feu dans la cheminée, d'où le nom de Cendrillon, elle doit préparer les beaux atours de ses sœurs qui vont au bal du prince charmant. Finalement, Cendrillon, grâce à sa fée marraine, pourra aller, elle aussi, au bal et séduira le prince charmant. Elle prendra ainsi une revanche éclatante sur ses méchantes sœurs.

Dans une des versions du mythe, Cendrillon doit résister aux avances d'un père qui la poursuit de ses assiduités [(2)]. Dans la version de Charles Perrault [(8)], elle s'enfuit à minuit du bal du prince, en oubliant une pantoufle de verre (ou de vair, qui est une fourrure). Le prince charmant la fait rechercher, en demandant à toutes les jeunes filles du royaume d'essayer cette pantoufle. Elle est la seule à pouvoir y glisser le pied.

Je demande alors à Camille d'analyser sa propre histoire à partir de la grille de lecture offerte par le récit de Cendrillon selon Perrault.

L'analyse du scénario de vie de Camille

Le tableau ci-après représente une tentative de formalisation du scénario de vie de Camille grâce au modèle de Greimas.

Camille : analyse fonctionnelle

1. Le destinateur : elle se donne la mission de faire des études compliquées par admiration pour un de ses professeurs et en réaction à un milieu familial centré sur l'argent.
2. Le sujet : Camille, qui désire réussir et attend le prince charmant.
3. L'objet : une revanche éclatante sur de mauvais débuts dans la vie.
4. L'opposant : les deux divorces de sa mère, la séduction par son beau-père et l'instabilité affective qui en résulte.
5. L'adjuvant : son milieu qui la protège pendant des années, mais qui devient un opposant à son autonomie et à la réalisation de son projet de vie.
6. Le destinataire : les valeurs intellectuelles et artistiques ; la reconnaissance sociale.

La lecture de son histoire comme étant celle d'une autre ou une histoire universelle aide alors Camille à se détacher de son propre scénario.

La fin de la dépendance ?

Avoir une vision globale de son histoire permet à Camille de comprendre que le point de rupture a été l'échec scolaire initial au moment du deuxième divorce de sa mère. Le sentiment de dévalorisation a été tel qu'elle a fait une tentative de suicide et renoncé à poursuivre les études difficiles qu'elle avait commencées, et qu'elle termine maintenant avec succès.

Camille a désormais achevé la phase intensive de la thérapie, mais il reste encore un travail à faire sur l'anxiété sociale, et encore plus sur les conduites d'échec, qui demeurent présentes dans ses études. Il faut aussi aborder le problème de la dépendance au thérapeute et le résoudre pour terminer véritablement le travail.

L'échelle de dépression de Beck montre une amélioration nette (passage d'un score de 26, qui correspond à une dépression d'intensité moyenne, à un score de 16, qui correspond à une légère dépression). L'échelle LIR montre essentiellement une évolution favorable du schéma de dépendance.

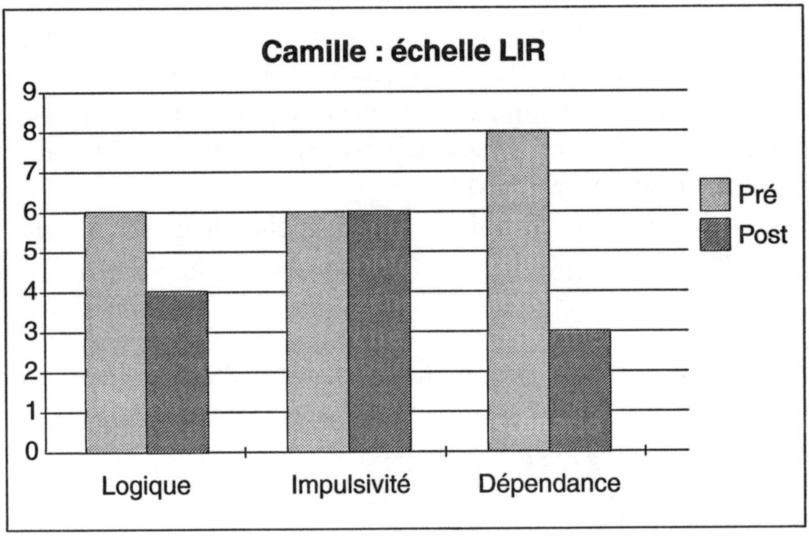

RÉCITS MYTHIQUES ET THÉRAPIE

Sans doute beaucoup de personnes utilisent-elles les histoires des films et des romans par plaisir mais aussi pour y trouver des réponses à leurs questions et des modèles de comportement : une des fonctions de l'art et du mythe est de provoquer à la fois un effet de libération émotionnelle et de distanciation.

L'utilisation des récits mythiques dans les thérapies cognitives permet une compréhension des scénarios de vie à partir des histoires récurrentes et des contrastes mythiques que l'on trouve dans la culture. Ces mythes, souvent reconnus comme similaires aux histoires individuelles, représentent une zone de libre-échange entre patients et thérapeutes.

Chapitre X

Scénarios de vie et thérapie cognitive
Comment changer ?

Il ne suffit pas de retrouver le sens perdu du scénario de vie, ou de restaurer des souvenirs. Il faut installer des capacités nouvelles de traitement de l'émotion qui permettront d'aller au-delà de la situation répétitive sur laquelle la personne bute, comme un papillon se heurte les ailes à une fenêtre pourtant ouverte, car l'angoisse d'être prise au piège la submerge.

En thérapie cognitive, une partie du travail est de déconstruire le scénario de vie, en partant des émotions négatives qu'il suscite. C'est une manière de lui donner une signification. L'étape suivante consiste à tirer la morale de l'histoire et à trouver le versant positif de la vie, en aidant la personne à modifier les schémas cognitifs inadaptés.

Un thérapeute est donc proche d'un scénariste ou d'un metteur en scène. Il doit, en effet, construire avec son patient un sens à ce qui, à première vue, n'en a pas : les symptômes, les conflits répétés et l'histoire d'une vie racontée de manière décousue. Il doit donc aider la personne en thérapie à transformer ses images émotionnelles en une histoire qui pourrait s'écrire comme un bon scénario de film. S'en dégageront ensuite des actes novateurs.

LES BASES DE LA THÉRAPIE COGNITIVE

Les thérapies cognitives se déroulent sur six mois à un an, et comportent entre 30 et 40 séances d'une heure effectuées par un seul thérapeute, psychiatre ou psychologue. Elles utilisent des techniques cognitives, émotionnelles, comportementales, interpersonnelles et des stratégies de maintien pour modifier les schémas cognitifs précoces perturbés [1, 2, 3, 4, 7].

L'établissement d'une relation thérapeutique et l'organisation des séances

La reconnaissance par le thérapeute de la difficulté du changement pour la personne en thérapie est nécessaire au succès de la thérapie : les fluctuations relationnelles seront utilisées pour mettre au jour les schémas et effectuer des expériences émotionnelles correctrices.

Le format des séances est structuré. Le patient et le thérapeute fonctionnent selon une « collaboration empirique », comme deux chercheurs travaillant sur des hypothèses communes. Le thérapeute ne confronte pas brutalement le patient à ce qu'il ne voit pas de son schéma, mais cherche à l'amener à évaluer celui-ci progressivement pour ensuite le mettre en question.

Pour réguler les problèmes relationnels de part et d'autre est adoptée une structure formalisée de la séance qui se déroule selon les huit étapes suivantes.

Les 8 étapes d'une séance

1. La séance commence par l'évaluation des tâches cognitives et des expériences comportementales prévues lors de la séance précédente. Comment la personne en thérapie a-t-elle fonctionné entre les deux séances ? Existe-t-il des événements nouveaux positifs ou négatifs dans sa vie ?

2. Ensuite, l'agenda de séance est établi. Il consiste à demander au patient de choisir un thème de travail qui correspond à un problème psychologique personnel.

3. Il lui est alors proposé de choisir des situations spécifiques où le problème en question se manifeste. Des récapitulations fréquentes sont effectuées par le thérapeute de manière à avoir un consensus sur le contenu, et à aider la personne en thérapie à aller plus loin, en se fondant sur ce qu'elle a dit.

4. Des techniques cognitives, émotionnelles, interpersonnelles et comportementales sont proposées pour modifier les schémas cognitifs.

5. Un résumé de la séance est effectué par le patient en fin de séance. Il lui est proposé de définir ce qu'il retient d'important dans la séance qui vient de se dérouler.

6. Un commentaire est demandé au patient sur ce qui lui a plu et déplu dans les interventions du thérapeute. Ce commentaire est suivi de l'élaboration commune des problèmes relationnels qui ont pu survenir durant la séance.

7. Sont discutés les programmes des tâches cognitives et des expériences comportementales à mettre en œuvre dans la réalité pour modifier les schémas cognitifs.

8. Un agenda de la prochaine séance est fixé en fonction des résultats de cette séance : thème à aborder en priorité ou situations cibles à envisager lors du début de la prochaine séance.

Les grandes techniques générales

— **La résolution de problèmes :** il s'agit, suivant une méthode en sept points (voir p. 236 et, en annexe, p. 266), d'apprendre à résoudre des problèmes concrets en séance puis de l'appliquer dans la vie quotidienne.
— **La modification des communications :** il s'agit de parvenir à modifier ses communications agressives, négatives, aversives ou persécutrices avec les autres au moyen de jeux de rôle avec commentaires sur la performance ou de jeux de rôle renversés avec un modèle comportemental à reproduire. Ces jeux sont suivis de tâches pratiques à réaliser dans la vie de tous les jours.
— **La modification des pensées négatives :** il s'agit de mettre au jour, puis de modifier par des discussions socratiques ses pensées automatiques irrationnelles. Une fiche écrite est établie qui permet de les discuter lorsqu'elles apparaissent. S'y ajoutent des tâches progressives de plaisir et de maîtrise à effectuer dans la vie quotidienne, qui seront évaluées.

Les techniques centrées sur les schémas cognitifs précoces

Le thérapeute utilise des méthodes cognitives, émotionnelles, interpersonnelles et comportementales pour mettre au jour et modifier les schémas. Pour le suivi, il maintient ses résultats par des techniques spécifiques. Voyons ses différentes techniques.

Les méthodes cognitives

— **La mise au jour et la modification des pensées automatiques :** le thérapeute commence, dans l'analyse fonctionnelle, par établir les liens entre cognitions, émotions, actions et événements. La personne en thérapie est entraînée à utiliser une émotion négative comme un signal pour prendre conscience des pensées automatiques ou de son comportement dysfonctionnel. Les souvenirs, les images mentales, les jeux de rôle, l'auto-enregistrement des expériences émotionnelles de tous les jours, les rêves ou d'autres situations provoquant les émotions pénibles permettent d'atteindre les schémas inadaptés précoces.

— **La mise au jour et la modification des distorsions cognitives :** le thérapeute attire ensuite l'attention sur les distorsions cognitives — par exemple, sur la généralisation et le fait de penser en « blanc et noir » (pensée dichotomique). Il faut identifier les règles personnelles d'une façon concrète en les reliant aux relations avec le thérapeute et avec les autres. Une fois le système de croyance central établi, il faut en chercher le caractère abusif.

— **La définition du schéma négatif :** on essaie de mettre en lumière le vécu d'incapacité, de manque d'estime de soi, de dépendance ou d'absence de contrôle. On souligne aussi la pensée dichotomique aboutissant à des jugements négatifs sur soi en « noir et blanc ».

— **L'établissement des arguments pour et contre :** le thérapeute et la personne en thérapie passent en revue tous les faits, accumulés au cours des années, qui soutiennent cette vue de soi-même qui n'a jamais été mise en question. Les patients présentent parfois une longue liste de faits, mais le plus souvent il devient évident que la croyance repose seulement sur quelques incidents ou situations. La conception de soi-même se cristallise très tôt, et ces expériences précoces doivent être examinées.

— **La mise en évidence que l'argumentation contraire n'a pas été prise en compte :** la discussion socratique consiste à évaluer le schéma et à envisager les arguments pour et contre de celui-ci. Lorsque l'argumentation en faveur du schéma a été recueillie, on passe à la recherche des preuves qui vont à l'encontre du schéma. La discussion qui aide à déterminer les preuves contraires au schéma aboutit à la

En pratique, comment ça se passe ?

Une des façons de ne pas blesser la personne en thérapie est de comparer l'utilité passée des postulats à leur nuisance actuelle. Le thérapeute doit s'abstenir de tout commentaire sur la véracité des schémas et poser de prudentes questions inductives ou employer un dialogue socratique. Par exemple, les schémas du patient peuvent être : « Je suis mauvais, je suis un incapable, je n'ai aucune valeur », ou « On ne peut pas m'aimer. »

Les techniques habituelles de la thérapie cognitive — questionnement, jeu de rôle, discussion des postulats, modification des postulats par résolution de problème, tâches concrètes à réaliser dans la réalité pour modifier les comportements autodéfaitistes — peuvent alors être mises en œuvre. Comme les schémas inadaptés précoces sont de longue durée, il faut être prêt à répéter ces méthodes pendant un an pour obtenir un résultat. La discussion socratique consiste à évaluer les avantages et les désavantages impliqués dans le maintien des modes actuels de comportement et à proposer des alternatives.

Plusieurs techniques comportementales, très proches du cinéma ou du théâtre, ont aussi été proposées : exposition en imagination aux images anxiogènes ou refusées, jeu de rôle avec répétition, comme au théâtre et au cinéma, ou l'utilisation de films à forte valeur émotionnelle.

démonstration que cette évidence n'a jamais été prise en considération ou qu'elle a été filtrée, selon un préjugé, encore appelé « biais cognitif ».

— **La méthode du continuum** : c'est la méthode la plus efficace dans la thérapie cognitive pour modifier les schémas. Après avoir défini, par exemple, ce qu'est une personne impulsive, dépendante ou qui « vaut » quelque chose, ou une personne « sans valeur », on établit un continuum

En pratique, comment faire ?

Chaque séance peut être décomposée en une série d'interventions :

1. Définir un thème.
2. Choisir un problème concret, récent, typique, fréquent et constant.
3. Définir les déclencheurs des émotions et des comportements.
4. Mettre au jour les pensées automatiques et les émotions.
5. Mettre au jour les croyances inconditionnelles, les croyances conditionnelles et les règles de fonctionnement.
6. Définir les conséquences et le renforcement des croyances par des événements quotidiens.
7. Définir les tâches pratiques qui sont nécessaires pour tester les schémas cognitifs.

de 0 à 100, dont les deux pôles sont définis. On demande ensuite au patient de s'évaluer sur le continuum et de mettre en question sa vision en « noir et blanc » de lui-même.

— **La réinterprétation des expériences de l'enfance :** on a pu faire jouer à l'enfant un rôle qui n'était pas forcément dans son intérêt, mais qui remplissait une fonction pour ses parents à cette époque. Avec l'aide du patient, le thérapeute considère chaque membre de la famille, essayant d'arriver à une vue plus réaliste de sa vie familiale d'enfant. Il ne faut pas invalider la perception que le sujet a de sa famille, mais reconnaître avec empathie les traumatismes et l'aider à se dégager de l'emprise du trauma sur sa vie présente.

— **Le test de mise à l'épreuve de l'historique du schéma :** c'est une technique efficace, concernant les preuves pour et contre du schéma, qui examine toute la vie du patient, étape par étape.

— **Le développement des « mémoflashes » :** il s'agit simplement de phrases, construites par la personne en thérapie, qui évoquent les preuves contraires au schéma. Elles sont utiles quand tout va mal et qu'une vue équilibrée semble impossible, en particulier dans les interactions avec les autres.

Les méthodes affectives

— **Les jeux de rôle sur le passé :** le thérapeute joue d'abord le rôle de l'un des parents ; la personne en thérapie est l'enfant. Ces rôles doivent souvent être inversés, car le patient n'est pas encore capable d'adopter le rôle adulte ou enfant avec assez de conviction ou d'assurance. Cette interversion de rôles se poursuit jusqu'à ce que la personne en thérapie soit satisfaite de ce qu'elle a présenté son propre point de vue et que celui-ci a été compris. L'exercice doit toujours finir avec le thérapeute dans le rôle de l'un des parents et la personne en thérapie « jouant » son propre rôle.
— **La discussion de la responsabilité personnelle :** à partir de ces données, il est possible de procéder à une réattribution de responsabilité pour toutes les difficultés rencontrées : quelle est la part des autres, ou celle du hasard ? On peut demander au patient d'établir des pourcentages sous la forme d'un « camembert » statistique.
— **Le jeu de l'avocat du schéma :** après avoir utilisé d'autres méthodes pour mettre au jour et modifier le schéma, on peut employer une méthode émotionnelle pour vérifier si un changement a eu lieu. Le thérapeute joue alors l'avocat du diable, prenant le rôle du schéma, et la personne en thérapie doit défendre un nouveau point de vue.

Les méthodes interpersonnelles

Elles sont liées à la relation thérapeutique elle-même. Pendant les séances, le thérapeute doit constamment observer les signes qui peuvent révéler le déclenchement d'un schéma. Des manifestations de fortes émotions peuvent indiquer des pensées automatiques ayant trait à la thérapie : c'est le moment opportun pour examiner et mettre en question le schéma. L'empathie du thérapeute est essentielle, mais il est important d'établir des limites professionnelles. Souvent, le thérapeute ressentira des sentiments d'exaspération, de colère ou d'agressivité en fonction de l'interaction de sa propre personnalité avec celle du patient. La relation peut et même doit éveiller des cognitions négatives chez le thérapeute qui doit alors être capable de se décadrer et de communiquer sur la relation. Il faut également poser des limites claires concernant les interventions et la disponibilité du thérapeute, et expliquer les interventions thérapeutiques d'une manière éducative.

Les méthodes comportementales

Il est essentiel d'agir sur les comportements soit pour recueillir des données qui invalident le schéma, soit pour modifier les stratégies comportementales qui le maintiennent.

— **Tâches graduées et épreuves de réalité pour tester les schémas :** la personne en thérapie qui évite de se faire des amis de peur qu'ils ne l'abandonnent essaiera d'adopter une attitude plus sociable et d'accepter de passer une soirée avec des collègues ou de les inviter chez elle ; cela lui permettra de commencer à examiner comment les autres agissent envers elle. Un patient dépendant, qui a peur de dire non et fait tout ce qu'on lui demande, apprendra peu à peu à refuser son aide en certaines circonstances : il testera ainsi la croyance que les autres ne le rejettent pas totalement, même s'il ne se plie pas à leur volonté.

— **Tâches et renforcement dans le milieu naturel et thérapeutique :** le thérapeute renforcera les progrès, même limités, faits par la personne en thérapie, mais il est parfois difficile de prévoir les réactions de l'entourage au changement. Le patient peut aussi décider de changer de milieu pour renforcer le nouveau schéma qui n'est plus en phase avec l'ancien entourage.

Les méthodes de consolidation

Une fois que l'ancien schéma a été mis en question et jugé inadapté par la personne en thérapie, le thérapeute doit s'efforcer de consolider les nouveaux schémas.

— **La méthode du continuum** : décrite plus haut, elle doit être utilisée pendant toute la thérapie. Le patient pourra écrire un journal des expériences positives qui soutiennent le nouveau schéma : par exemple, « je suis comme tout le monde ; certaines personnes m'aiment bien ». Le journal des données positives est examiné pendant plusieurs séances pour s'assurer que la personne en thérapie ne rejette pas certaines expériences positives. Des questions détaillées servent à révéler le moindre fait positif qui invalide le schéma.

— **L'écriture d'une liste de prédictions** qui peuvent être mises à l'épreuve, en « si..., alors ». Autant de prédictions que possibles sont établies, et plusieurs expériences sont discutées et prévues pendant la séance. Après 10 ou 15 prédictions liées au schéma négatif et qui ne sont pas réalisées, la personne en thérapie note ses émotions, ses pensées automatiques et le degré de croyance qu'elle accorde à l'ancien schéma et au nouveau.

Les résultats de la thérapie cognitive sur les troubles de personnalité

Excepté les études des traitements pharmacologiques par antidépresseurs, régulateurs de l'humeur ou neuroleptiques [(8)] et quelques rares études non contrôlées sur la thérapie psychanalytique des personnalités limites [(9)], il existe peu de données validées pour le traitement des troubles de personnalité.

Néanmoins, les thérapies cognitives des troubles de personnalité paraissent prometteuses. Elles ont démontré, dans des études contrôlées, leurs effets positifs sur les personnalités évitantes, les personnalités limites [5, 6] et certains types de personnalités sous-jacentes aux toxicomanies, en particulier les personnalités antisociales, en état dépressif [2]. Plusieurs études sont actuellement en cours aux États-Unis, en Angleterre et en France, pour établir complètement la validité des interventions thérapeutiques cognitives, individuelles ou en groupe, dans les troubles de personnalité.

LES SCÉNARIOS DE VIE EN THÉRAPIE COGNITIVE

Quand le scénario de vie est le *deus ex machina* qui régit l'existence d'une personne, il faut l'analyser et en préciser les diverses composantes à travers l'histoire personnelle du patient, ses relations avec sa famille, ses amis, ses partenaires sexuels ou ses collègues, son éducation et son travail, et, éventuellement, mettre ces différents éléments en relation avec des événements traumatiques.

De quelle histoire cette vie est-elle un *remake* ?

C'est la première question que doit se poser le thérapeute en écoutant le récit de son patient, et il faut d'ailleurs noter que la personne en thérapie fait d'elle-même souvent l'analogie avec un film, un roman ou un mythe. D'autres questions se posent alors : qu'est-ce que le scénario peut représenter pour la personne en thérapie ?

Qu'est-ce que le scénario représente dans le contexte socioculturel du patient ? À quelle structure mythique se rattache-t-il ? Quelle est l'image ou la métaphore centrale du scénario ? Quelle est la fonction du scénario : s'agit-il de maintenir le cours de la « destinée », d'entretenir le suspense et d'en préserver les sensations, de dramatiser sa vie, d'éviter certaines émotions ou encore de se maintenir dans une toile d'araignée invisible ? Et, si c'est le cas, quel est le centre de la toile d'araignée ? Quel est le schéma inconditionnel dont sont issus tous les fils de la toile ? Qu'est-ce qui fait que la personne en thérapie ne peut pas le voir ? Le thérapeute a-t-il trouvé le bon scénario ? Quelle est l'image et la métaphore qui mobilisera le scénario ?

Le thérapeute cherchera à préciser comment les expériences personnelles du patient ont façonné ses convictions vis-à-vis de lui-même, des autres et de son avenir. Il peut aussi lui demander d'écrire l'histoire de sa vie comme une brève nouvelle ou un scénario en se référant à des films ou à des personnages de roman emblématiques de son problème.

Le rôle du thérapeute dans le casting du patient

Suivant la nature des schémas cognitifs, le thérapeute doit être capable de repérer la zone de conflit que la personne en thérapie mobilise chez lui, comme il peut le faire avec d'autres personnes dans la vie quotidienne. La personnalité du patient risque, en effet, de l'emprisonner dans un rôle fixé s'il ne se rend pas compte de ce qui se passe ou s'il est submergé par les émotions induites : il lui sera alors difficile de se maintenir dans son premier rôle, qui est d'aider la personne en thérapie à prendre conscience de son schéma pour le modifier. Quand il se rend compte, par exemple, que son patient lui confère un rôle du sauveteur, il doit communiquer avec lui à ce sujet et commencer à mobiliser le schéma.

Le tableau suivant présente les différents types de personnalités et les rôles qui sont, dans chaque cas, distribués au thérapeute. Les oscillations du patient iront d'un bout à l'autre du continuum. Une personne en thérapie qui est dépendante reprochera au thérapeute son peu de fiabilité après avoir établi avec lui une relation idéalisée de dépendance.

Type de personnalité et rôle attribué au thérapeute

Personnalité	Rôle du thérapeute (continuum)	Zones problématiques
Paranoïaque	Protecteur Persécuteur	Confiance et méfiance
Schizoïde	Soutien discret Intrus	Distance et individuation
Schizotypique	Savant Magicien	Pensée logique et magique
Antisociale	Juge Victime	Violence et loi
État limite	Sauveteur Personne non fiable	Compétence et incompétence
Histrionique	Spectateur neutre Séducteur	Amour et séduction
Narcissique	Admirateur Critique	Égocentrisme et limites sociales
Évitante	Personne charismatique Dominatrice	Dominance et soumission

Dépendante	Figure d'attachement Sans fiabilité	Dépendance et abandon
Obsessive-Compulsive	Rationaliste Hédoniste	Devoir et plaisir

DE LA THÉORIE À LA PRATIQUE L'HISTOIRE DE BRIGITTE : UN CONTE DE NOËL

Une histoire de patient, me direz-vous, vaut mieux qu'un long discours quand on veut montrer la thérapie cognitive à l'œuvre à travers un scénario de vie. Sans doute. Voici donc l'histoire de Brigitte, 27 ans.

> Brigitte est la mère célibataire de deux jumelles. Elle a suivi à deux reprises des psychothérapies qu'elle a interrompues d'elle-même parce qu'elle était mécontente des thérapeutes qui la laissaient parler sans lui proposer de conseils précis. Elle vient pour une thérapie cognitive car elle a des difficultés à s'occuper de ses enfants et a un passé assez lourd, marqué par des problèmes de toxicomanie.
>
> Le bilan psychologique aboutit à la conclusion qu'il s'agit d'un problème de personnalité limite, associée à une boulimie et à une dépression modérée. La thérapie se déroulera sur 23 séances de 30 à 45 minutes, sur une période de neuf mois. Elle sera effectuée en individuel, sans prise médicamenteuse.

Boulimie et gestion familiale

Dans un premier temps sont abordés des problèmes pratiques et immédiats. Le premier est celui de la boulimie, qui est assez rapidement améliorée avec une perte de poids considérable, une dizaine de kilos sur six mois. Brigitte présente aussi un niveau léger de dépression et elle fait une relation entre ses conduites impulsives et la nourriture, l'argent, le tabac, la sexualité et la drogue. Elle passe rapidement de soixante-dix-huit kilos pour 1,63 m à soixante-dix kilos, en mettant en place des conseils simples de contrôle de la nourriture et de surveillance de l'indice de masse corporelle. Au début de sa thérapie, Brigitte évoque aussi des problèmes de distance avec ses deux filles qui lui font des scènes et l'empêchent totalement de dormir. Le simple conseil de ne pas les renforcer dans ce comportement l'aide à réduire ses difficultés.

Le récit de vie de Brigitte

Le récit de vie se déroule en fait en trois actes. Le premier acte est représenté par l'enfance entre deux parents alcooliques, impulsifs et coléreux. Le deuxième acte est l'adolescence et la rupture avec les parents. Le troisième acte est représenté par la tentative actuelle d'échapper à son destin, désir qui s'est manifesté après la naissance de ses enfants. Elle a obtenu un poste qui lui permet de vivre tout en étant en congé parental.

Brigitte assistait très souvent à des conflits entre ses parents alcooliques et elle supportait très mal cette situation. Comme sa mère rentrait souvent soûle et que son père était absent, elle devait s'occuper de son frère et de sa sœur.

Un jour, Brigitte en a eu assez, elle est partie de chez elle à 17 ans. Pendant deux ans, entre 18 et 20 ans, elle a été dépendante à l'héroïne ; elle vivait alors avec un homme qui « dealait » régulièrement et qui a fini par être emprisonné. Ensuite, elle a arrêté la « dope », mais elle continue à fumer régulièrement du cannabis dont elle se considère comme « accro ».

Brigitte est impulsive : elle a déménagé à plusieurs reprises sur des coups de tête, elle a fait plusieurs accès boulimiques ; elle est incapable de conserver de l'argent ; elle fait des achats compulsifs. La gestion de ses émotions est également difficile pour elle. Ses deux jumelles, elle les a eues avec un homme qui l'a abandonnée. En plus des relations sexuelles qu'elle avait régulièrement avec lui, elle avait une autre liaison avec X, qu'elle voit encore aujourd'hui. Elle me raconte qu'elle a eu de très nombreux partenaires pour des relations sexuelles extrêmement brèves.

Globalement, Brigitte n'apparaît pas déprimée, simplement préoccupée par son avenir. Elle est assez consciente de ses problèmes et des scénarios répétitifs : son impulsivité la conduit régulièrement à des situations conflictuelles et à des échecs relationnels.

Un Noël qui trébuche

Petit à petit, nous abordons des problèmes plus personnels qui sont, en fait, ceux du scénario de vie qui sous-tend l'impulsivité actuelle. Elle me raconte son dernier Noël.

La fête est l'occasion de retrouver sa mère, mais aussi de vieux conflits. Après quelques jours où tout se passe bien, la mésentente et les reproches reviennent. Le conflit se déclenche, car sa mère vit avec un homme plus jeune. Brigitte supporte mal cette figure masculine de jeune homme dépendant d'une femme plus âgée, une sorte de gigolo, qui s'interpose entre elle et sa mère. Elle exige son départ et l'obtient après plusieurs scènes violentes.

Je lui fais alors observer qu'elle me raconte un « anti-conte de Noël ». Loin des mélodies sirupeuses et de la famille réunie autour du sapin, Noël peut être un moment cruel de bilan et de règlements de comptes familiaux. Cette situation a été maintes fois traitée au cinéma et récemment dans *La Bûche* (Danièle Thompson, 1999), que je lui conseille de voir — ce que Brigitte ne fera pas. De mon côté, je lui raconte le premier « Conte de Noël » de Dickens, qu'elle ne connaît pas.

Ebenezer Scrooge, vieil homme avare et solitaire, voit en rêve les fantômes de trois Noëls, celui du passé, celui du présent et celui, lugubre, futur, où il assiste à sa propre mort. Il décide, à son réveil, de retrouver sa famille qu'il avait rejetée et de passer auprès d'elle le jour de Noël. Il décide aussi de changer sa vie. Aussitôt, Brigitte tire elle-même une morale de ce conte : « Je dois m'occuper du présent et non répéter le passé. »

Cette remarque détend la séance, et Brigitte rit à l'idée de l'anticonte de Noël. Lors des séances suivantes, elle va aborder ses relations mère-fille de façon plus approfondie, puis essayer de reconstruire sa relation avec sa mère en prenant de la distance, et en lui écrivant. Entre elles deux, elle arrive à voir les différences même si elle craint fondamentalement d'être prise dans le même scénario et de le répéter.

Relations avec les hommes et répétition du scénario

Dans les séances suivantes est abordé un problème encore plus central : le fait de vivre avec un homme d'une façon proche. En fait, il apparaît que Brigitte n'a jamais pu vivre de façon stable avec aucun homme de peur de reproduire le scénario qui existait entre ses parents. En outre, ce besoin de distance s'accompagne de la sensation d'étouffer dans la vie de couple, ce qui explique qu'elle ait une sexualité à partenaires multiples, de très courte durée. Sa plus longue histoire de vie commune avec un homme, elle l'a vécue avec un jeune *dealer* toxicomane quand était elle-même sous héroïne : la drogue lui permettait d'avoir des relations plus proches avec un homme et de les supporter.

Actuellement, son ami X, bien que n'étant pas le père de ses jumelles, ne cesse de lui faire des propositions de mariage qu'elle repousse, tout en ayant une relation systématiquement instable avec lui. Un jour, elle l'accepte chez elle pour le mettre à la porte le lendemain. Il revient à la charge, il lui fait des scènes de jalousie, pour être de nouveau accepté puis de nouveau éconduit. Nous mettons en place des techniques de résolution de problème pour qu'elle puisse clarifier ce qu'elle attend d'un homme. Brigitte a l'impression qu'avec X elle est coincée, contrôlée, limitée : elle réagit sur un mode impulsif.

Brigitte aborde alors la relation avec son père qui ne s'est pas occupé beaucoup d'elle. Elle est restée jusqu'à l'âge de 10 ans avec lui et sa mère ; ensuite, il les a quittées. Elle me dit qu'il a une attitude extrêmement critique face à son épisode toxicomaniaque, mais qu'il n'a pas pour autant assumé un rôle très actif. Tout ce qu'il faisait alors, c'était de manifester, par instants, un autoritarisme et un racisme qu'elle supportait mal. Elle comprend alors qu'elle a choisi ses partenaires dans une minorité ethnique qui déplaisait à son père mais où la famille était, selon elle, chaleureuse et représentait une valeur dominante culturelle.

La construction d'un nouveau schéma

L'historique du schéma montre que, jusqu'à 12-13 ans, la vie familiale de Brigitte était acceptable. Les conflits entre ses parents, le départ de son père et l'alcoolisme de sa mère l'ont ensuite parentalisée : elle a dû s'occuper de ses frères et sœurs, et aussi de sa mère. En somme, elle est devenue la mère de la famille.

Dans sa vie actuelle, le tableau se modifie, elle a des propositions d'autres hommes qu'elle essaie de prendre en considération sur un mode moins impulsif : elle tente d'attendre un peu et de ne pas céder au premier rendez-vous. Elle a même refusé un rapport sexuel occasionnel, car la situation ne lui semblait pas valorisante ou susceptible de déboucher sur une relation à long terme. Brigitte commence à penser qu'elle pourrait construire sa vie avec un homme à condition qu'il présente un certain nombre de caractéristiques : qu'il ne soit pas jaloux et qu'il lui laisse un espace personnel important. Finalement, le scénario de vie de Brigitte consiste en oscillations rapides entre les deux pôles de deux schémas principaux : la dépendance et l'indépendance, d'un côté ; l'impulsivité et l'autocontrôle, de l'autre.

Au cours de la thérapie, elle se rend compte que ce jeu peut durer encore très longtemps. Je lui demande de comparer les avantages et les inconvénients qu'elle voit, par exemple, dans le fait de rester avec X. Les risques de reproduire le scénario de sa mère sont grands : le fait qu'il soit alcoolique, qu'elle ait des exigences personnelles qui ne sont pas forcément les siennes, qu'ils n'aient pas tous les deux les mêmes centres d'intérêt, qu'ils n'aient pas les mêmes relations. S'opposant à cette hypothèse, il y a le fait qu'il n'est pas exactement comme son père, qu'elle n'est pas exactement comme sa mère, qu'elle a entrepris un travail psychologique qui peut l'aider à ne pas reproduire le scénario et qu'il peut lui aussi changer.

Mais le scénario de vie de Brigitte va, une nouvelle fois, lui jouer un tour. Suite à l'un des multiples retours de X, et après des rapports sexuels sans précaution, elle tombe enceinte alors même qu'elle pense ne pas pouvoir vivre avec lui. Cette grossesse représente un passage à l'acte impulsif. X veut alors l'épouser, comme il le lui a souvent demandé. À la limite, elle accepterait si elle pouvait définir un contrat par écrit avec lui sur leur relation future, mais cela ne se fait pas, et elle interrompt sa grossesse après une longue délibération.

En thérapie, Brigitte se construit un nouveau schéma de fonctionnement : définir ce qu'elle attend d'un homme et, surtout, ne pas risquer de reproduire avec un homme le même scénario que sa mère. Or X est alcoolique, il a eu des épisodes toxicomaniaques, et, finalement, elle revit, une fois de plus, la même histoire. Peu de temps après, elle met un terme à leur relation.

Des perspectives pour un nouvel avenir

Le moment crucial de la thérapie a été le rapprochement entre ce qu'elle vivait et le conte de Noël de Dickens. Comme, dans le conte, il s'agissait d'exorciser le fantôme des mauvais Noëls du passé et des Noëls blêmes du futur, Brigitte termine la thérapie en consolidant le schéma nouveau. Le schéma ancien est un état de rejet croisé entre elle et sa famille. D'un côté, elle s'est sentie rejetée par sa mère ; d'un autre, elle a rejeté sa famille et son père. Les dernières séances se passent à travailler sur l'acceptation de sa famille et le pardon du passé.

Aujourd'hui, Brigitte maintient une position très ferme vis-à-vis de son ancien ami, qu'elle ne veut plus revoir, et fréquente un autre milieu. Elle maintient sa perte de poids, mais continue à fumer trois cigarettes de haschisch par semaine. Son désir de normalisation paraît un peu excessif, comme si elle passait d'une extrémité à l'autre du schéma impulsivité/contrôle, du « deal » aux valeurs bourgeoises. Sans critiquer ce conformisme tout nouveau, je lui propose de conserver des expériences de plaisir et des surprises. Elle définit elle-même des critères de rechute : prise de poids ; augmentation de la consommation de hasch ; et reprise d'une sexualité impulsive. Si cela se produisait, elle reviendrait plus rapidement pour des séances additionnelles de rappel.

Les évaluations psychométriques montrent une amélioration considérable de l'anxiété et de la dépression. L'étude des dimensions de logique, d'impulsivité et de relation de dépendance montre également une amélioration.

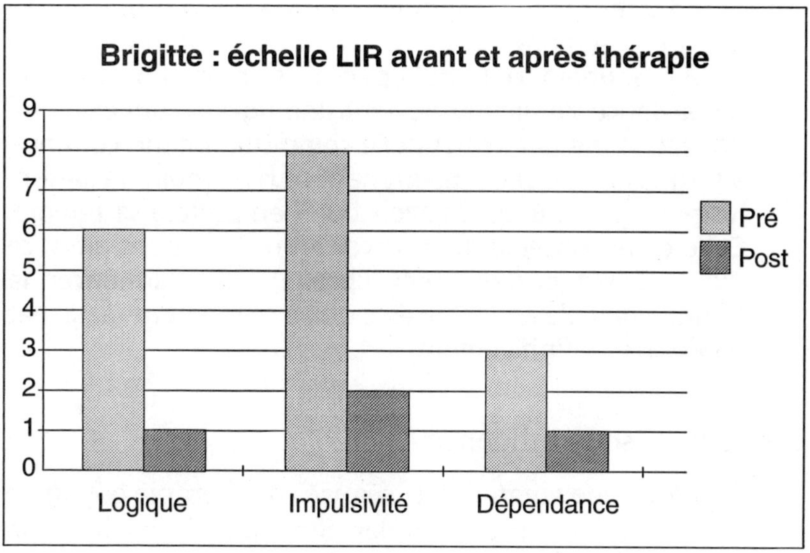

PASSION ET RÉPÉTITION
HISTOIRE DE STÉPHANE :
LES LIAISONS DANGEREUSES

Stéphane a la cinquantaine. Il a bien réussi comme homme d'affaires, profession qui allait à l'encontre du désir de ses parents qui l'aurait souhaité plus intellectuel. Il est marié, père de quatre enfants, et a eu quelques liaisons extraconjugales discrètes. Brusquement, il tombe amoureux d'une jeune femme qui lui rappelle un tableau vu dans un musée américain, où le conduit souvent sa passion pour la peinture.

La liaison démarre comme une lune de miel à tel point qu'il veut divorcer, mais il tarde, transige, discute. Pris dans ce conflit, il devient dépressif et alcoolique, et entreprend une thérapie cognitive centrée sur le problème du choix et l'élaboration d'une solution. Il continue d'atermoyer. Soudain, celle qu'il pensait être un tableau de la Renaissance s'anime et devient une tigresse qui exige un divorce immédiat : sinon, elle rompt. Stéphane continue à tergiverser, tout en maintenant plus ou moins la liaison, jusqu'au jour où, après avoir bu, il en parle à sa femme. Celle-ci lui conseille de divorcer en restant bons amis, ce qui le laisse parfaitement libre. Il court annoncer la bonne nouvelle à sa maîtresse qui, à ce moment-là, le met à la porte définitivement.

Un homme sous influence

Il faudra une vingtaine de séances de thérapie cognitive et un antidépresseur pour aider Stéphane à sortir de la dépression et de la prise exagérée d'alcool. Il va mieux et se consacre à son travail. Cependant, il conserve l'habitude de téléphoner environ tous les quinze jours à son ex-maîtresse pour se faire rabrouer, comme s'il ne pouvait s'empêcher de vérifier qu'elle ne veut pas de lui ou comme s'il voulait s'infliger un châtiment. Il sait que, s'il avait résolu le problème plus tôt, le résultat aurait été le même, car il décrit son ex-maîtresse comme quelqu'un de narcissique, d'instable, qui cherche à le mettre régulièrement en défaut, en état d'infériorité, et l'utilise. Il rapproche ce comportement de celui très inaffectif de sa mère qui l'obligeait à travailler sans jamais lui faire le moindre compliment. Il a l'impression de répéter le même scénario.

Pour essayer de lui permettre de s'en détacher, je lui propose de considérer qu'il s'agit simplement d'une nouvelle version du célèbre roman de Laclos *Les Liaisons dangereuses*, porté à l'écran par Stephen Frears (1988). Or il a revu récemment le film et a été fasciné sans savoir pourquoi. Je l'invite à se projeter dans ce scénario : son ex-maîtresse peut être identifiée à la marquise de Merteuil, et lui-même à

Valmont. Rappelons brièvement le scénario célèbre de Choderlos de Laclos.

> L'action se déroule au XVIIIe siècle, dans l'aristocratie. Mme de Merteuil, qui a eu autrefois une liaison avec Valmont, lui impose la conquête de la présidente de Tourvel, pour lui permettre d'accéder de nouveau à son lit. Valmont séduit Mme de Tourvel par jeu, mais, chemin faisant, ils tombent sincèrement amoureux l'un de l'autre. Valmont veut cependant sa récompense. Mme de Merteuil lui impose alors de rompre de manière très brutale. Lorsque Valmont aura réalisé cet ultime sacrifice, elle se refusera à lui et le mettra à la porte.
>
> Valmont, désespéré, se suicidera dans un duel. La marquise de Merteuil sera punie, car tombera sur elle la ruine, l'anathème social et la petite vérole. Comme l'écrit Laclos, « c'était comme si son âme s'était retournée sur son visage ». L'élément moteur du récit aura été la répétition du désir de Valmont pour Mme de Merteuil, alors qu'il peut choisir Mme de Tourvel, ou d'autres jeunes femmes nettement plus fraîches, aussi bien moralement que physiquement.

Une séance éclairante

L'énoncé de ce scénario permet à Stéphane de prendre enfin conscience de sa recherche permanente d'une relation toujours frustrante où son désir se heurte à une impossibilité. Il interprète ce scénario répétitif comme la reproduction du rejet qu'il pense avoir subi de la part de sa mère. Il a systématiquement choisi la mauvaise femme. « Voilà une séance de thérapie éclairante », dit-il. Il prend alors congé définitivement : il superpose le visage défait de Glenn Close, à la fin du film *Les Liaisons dangereuses*, à celui de son ex-maîtresse. Il reprend ses voyages et ses promenades dans les musées, sans avoir tout à fait renoncé à trouver un jour son idéal féminin.

QUAND IL FAUT RECONSTRUIRE LA MAISON

On peut distinguer plusieurs niveaux dans le changement des schémas. Tout dépend des buts de la personne en thérapie, de son âge et des changements possibles dans son environnement. Le changement des scénarios peut être comparé à une maison que l'on veut modifier, et plusieurs attitudes sont possibles suivant l'ambition et les moyens que l'on a.

— **On reconstruit à partir de rien :** c'est le but le plus ambitieux. On remplace le schéma qui entraîne le scénario de vie par un schéma complètement nouveau : cela revient à démolir un vieux bâtiment pour le remplacer par un nouvel édifice, plus solide et plus fonctionnel.

— **On adapte :** c'est un peu moins audacieux. On modifie son schéma, c'est-à-dire qu'on change quelques aspects pour le rendre plus adapté. Ainsi, une personne perfectionniste pourra tolérer un certain degré d'imperfection et s'accorder plus de temps de loisir. Ce sont les aspects extrêmes du schéma qui seront modifiés plus que la structure du schéma lui-même.

— **On réaménage :** on réinterprète son schéma dysfonctionnel, c'est-à-dire qu'on reconnaît les aspects inadaptés des stratégies qu'il mobilise. Dans ce cas-là, on ne démolit rien, on réaménage l'intérieur de la maison. Ainsi, une personne histrionique pourra utiliser ses dons « théâtraux » pour une profession où les contacts et la séduction jouent un rôle ; une personne perfectionniste pourra faire sa place dans la recherche scientifique ou la création artistique.

— **On camoufle** : si l'on ne peut ni reconstruire, ni modifier, ni réinterpréter le schéma, on peut s'entraîner à dissimuler son schéma pour éviter les conséquences sociales négatives. Par exemple, une personne qui a des réactions émotionnelles trop violentes pourra apprendre à se protéger du stress et à rester à distance des autres pendant des périodes suffisamment longues afin d'éviter les conséquences punitives résultant de son comportement antisocial.

Chapitre XI

Vivre sa vie sans se tromper de scénario

« Ô saisons, ô châteaux,
Quelle âme est sans défauts ?
J'ai fait la magique étude
Du bonheur, que nul n'élude. »

Arthur RIMBAUD.

« On s'est trompé d'histoire » : voilà ce que perçoivent et expriment les personnes qui n'arrivent pas à vivre leur vie. Confusément, elles sentent qu'un piège s'est refermé sur elles et qu'elles vont répéter, à contrecœur et à l'infini, un rôle qui n'est pas celui qu'elles auraient choisi.

Certes, le rôle actuel a des avantages, qu'il faudra bien peser avant de chercher à modifier le scénario. Changer, c'est mourir un peu, car c'est renoncer à une partie de soi, et quelquefois à des relations très proches. Changer, c'est partir un peu, vers une terre étrangère. Le tout est de savoir si l'émigration vaut le voyage. Comme le dit un proverbe arabe, « le voyage est le début du châtiment ».

AU BOUT DE L'ENNUI

Le désir de changement peut conduire à sortir du piège que représente un scénario de vie débutant, souvent consciemment vécu, bien que la personne qui en subit les effets ait du mal à trouver la porte de sortie. Il sera activé par un sentiment d'ennui, lié au fait de toujours répéter les mêmes situations, par l'impression d'« avoir déjà vu jouer le film » ou d'« avoir déjà donné », ou encore par la perception de sa propre souffrance. La pression de l'environnement aura, dans certains cas, un rôle déterminant : le milieu du travail, par exemple, peut amener une personne à modifier certains traits de sa personnalité. Pour autant, rien ne se fera sans une motivation personnelle réelle et forte.

La majorité des histoires présentées dans cet ouvrage correspondent à des problèmes importants, associés à des troubles de personnalité : elles ont exigé une prise en charge thérapeutique. Mais qui peut le plus peut sans doute le moins…

L'objectif de ce chapitre est de proposer à chacun une méthode progressive de changement, qu'il est possible de gérer par soi-même. C'est une méthode en 7 étapes, qui demande un peu de temps : elle peut vous aider à identifier la nature de votre problème et à dégager des solutions. En cas d'insuccès, ou si c'est trop difficile, il faudra, pour sortir du scénario, envisager une thérapie.

Votre méthode de changement personnel : les 7 étapes

1. S'interroger sur l'existence réelle, ou non, d'un problème répétitif.
2. Définir le scénario.
3. Évaluer l'impact du scénario sur la qualité de vie.
4. Développer la motivation au changement.
5. Déconstruire le scénario.
6. Utiliser la résolution de problème.
7. Réécrire le scénario.

Y A-T-IL RÉELLEMENT UN PROBLÈME ?

La vie est faite de problèmes, mais tous les problèmes ne sont pas des scénarios de vie répétitifs dommageables. Pourquoi changer alors ? Toute personnalité et même tout trouble de personnalité ne justifie pas le changement. La première question à se poser est la clarification du scénario et des problèmes qu'il pose.

L'art de la fugue

Pour savoir si on est réellement pris dans un scénario de vie, il faut prendre du recul et jeter un regard distancié sur sa vie, et ce n'est pas toujours aisé ou agréable. L'idéal est de s'extraire des conditions relationnelles qui provoquent ou entretiennent le problème afin de mieux réfléchir. Un voyage, une séparation ou une retraite dans un lieu isolé pendant quelques jours permettent de mener à bien l'art de la fugue.

Comme le disait Stendhal, « entre le chagrin et nous, il faut mettre quelquefois des faits nouveaux : fût-ce de se casser un bras ». Pour sa part, Stendhal partait pour l'Italie quand il voulait échapper à ses problèmes sentimentaux ou à ses problèmes de carrière ; il se concentrait sur les trésors artistiques et musicaux, et y puisait les ressources lui permettant de se relancer vers d'autres aventures et d'autres écrits. Mais nombre de personnes n'ont pas cette ressource de l'ailleurs et elles vont, bel et bien, « se casser un bras », au sens propre ou au sens figuré : un accident sans gravité ou une maladie bénigne sera le signe que la coupe est pleine et qu'il faut prendre le temps de se ressourcer en se mettant à l'écart du monde.

De nombreuses études épidémiologiques ont ainsi montré que des infections, comme la grippe, ne surviennent pas par hasard : elles sont reliées à une accumulation d'événements de vie, souvent triviaux, qui diminuent les défenses immunitaires en raison de leur effet stressant. De la même façon, un accident survient plus facilement chez une personne dont la concentration et l'attention sont diminuées. Provoqué par la maladie ou l'accident, l'arrêt de travail est une forme de parenthèse très utilisée dans les crises existentielles et bien connue des médecins.

Le succès des pèlerinages — celui de saint Jacques de Compostelle, par exemple —, des retraites dans des abbayes ou dans des ashrams témoigne de ce besoin de distance méditative. De l'aveu de ceux qui y participent ou les organisent, ils ne correspondent pas toujours à une crise mystique ou à une quête d'absolu, mais à la recherche d'un asile spirituel pour mieux reformuler les questions entraînées par la vie de couple ou certains choix professionnels.

L'art de tourner la page

Se mettre à l'écart du problème et des habitudes qui le maintiennent est une première étape vers le changement : l'art de la fugue précède l'art de tourner la page, qui consistera à trouver une solution satisfaisante pour soi en se dégageant de son scénario de vie.

Toutefois, il faut savoir que les pages du livre ne se tourneront pas toutes seules et que les vieilles habitudes se battront pour survivre : il faudra du courage et des efforts, remettre en cause un fonctionnement ancien, auquel on s'est habitué, et faire un travail sur soi : tout cela ne va pas sans désabusement et désillusion.

C'est pourquoi il est si nécessaire, avant de tourner la page, de définir clairement le problème et son intensité, et de sentir une vraie motivation à aller jusqu'au bout du processus de changement.

Y A-T-IL SCÉNARIO DE VIE ?
ET, SI OUI, LEQUEL ?

Pour vous aider à répondre à ces deux questions, voici la liste des scénarios de vie les plus fréquents. Si votre scénario est bel et bien répétitif, il est très important d'indiquer le nombre de répétitions qui s'accompagnent du sentiment de ne pouvoir faire autrement (pour une évaluation encore plus précise, vous pouvez vous reporter au questionnaire qui figure en annexe, p. 267).

Les principaux scénarios de vie	
Répétition	*Nombre*
Vie professionnelle L'ambition professionnelle qui se heurte toujours aux mêmes conflits. L'incapacité à rebondir après un échec professionnel. Des conflits répétés avec les autres sans raisons objectives ou avec peu de raisons. L'incapacité à se dégager d'une situation pénible. L'incapacité à accepter la réussite sans angoisse ni autodévalorisation. La peur du contact avec les autres. L'inhibition de l'action. L'épuisement, la perte de plaisir, l'impression que la source est tarie (*burn out*). **Vie sentimentale et sexuelle** Les mariages suivis de divorces et des remariages suivis de divorces. La recherche incessante de la réussite sentimentale sans cesse déçue. La sexualité à répétition sans satisfaction et sans amour. Les rejets par des partenaires successifs pour des raisons identiques. Le choix de partenaires aux caractéristiques identiques, mais toujours insatisfaisants. Le rejet des partenaires qui s'effectue d'une manière répétitive et stéréotypée. L'incapacité à faire un choix ou à prendre une décision. **Traumatismes** Les traumatismes psychologiques répétés. Les traumatismes physiques à répétition. L'incapacité à prendre de la distance par rapport à un traumatisme. **Conduites impulsives et à risque** La violence et l'agressivité répétée. La prise impulsive ou régulière de drogues ou d'alcool. Les accidents de voiture à répétition.	

QUEL EST L'IMPACT DE CE SCÉNARIO SUR LA QUALITÉ DE VIE ?

La marque d'un scénario de vie est l'altération de la qualité de vie. Cinq domaines seront prioritairemnet affectés : le travail, les loisirs individuels, les loisirs collectifs, la vie familiale et la vie sexuelle. Si vous êtes pris dans un scénario de vie, demandez-vous de quelle façon votre problème perturbe ces cinq domaines. Plus les perturbations sont importantes, et plus il est nécessaire de sortir de la situation piège (pour ceux qui le souhaitent, une échelle d'autoévaluation figure en annexe p. 271).

Les grands domaines affectés par un scénario de vie

- Le travail
- Les loisirs en commun
- Les loisirs individuels
- La vie de famille
- La sexualité

COMMENT DÉVELOPPER SA MOTIVATION AU CHANGEMENT ?

Six étapes ont été dégagées sur le chemin du changement de comportement [9]. Elles vous aideront à préciser votre niveau de motivation au changement.

1. L'étape de la précontemplation : c'est le stade où se trouve une personne qui n'envisage pas de changer de comportement. À ce niveau, ce sont des motivations extérieures qui déclenchent les processus de changement : maladie ; phases de la vie ; changements physiques ou de statut social. La pression exercée peut être telle qu'on est pratiquement obligé de considérer la possibilité du changement.

2. L'étape de contemplation : elle commence quand on considère à la fois qu'on a un problème et qu'on réfléchit à la possibilité et au coût du changement. À ce stade, la personne envisage de changer dans les six mois à venir et s'y prépare. Les processus de changement, à ce niveau, sont l'observation des autres, la recherche d'information, la prise de conscience, la confrontation au problème, parfois l'entrée en thérapie.

3. L'étape de la décision : au fur et à mesure qu'on progresse, on envisage les actions à promouvoir pour son changement. À ce stade, la personne développe la résolution ferme de passer aux actes. Cette solution est influencée par les expériences passées et les tentatives antérieures de changement. Tous ceux qui ont fait plusieurs tentatives, sans succès, de changement ont besoin d'encouragements pour se décider à reprendre le cycle du changement.

4. L'étape de l'action : on commence à modifier son « comportement-problème ». À ce stade, qui normalement dure entre trois et six mois, le processus de changement est essentiellement l'autocontrôle, c'est-à-dire le degré personnel d'autodétermination et la capacité à agir sans se laisser influencer par l'extérieur. Jouent également l'image de soi et la croyance en son pouvoir d'action sur le monde, ce qu'on appelle, en psychologie, la sens de l'« efficacité personnelle perçue ».

5. L'étape du maintien, ou du changement soutenu : on a passé avec succès la phase d'action. À ce stade, le principal processus de changement vient de la capacité à organiser son propre environnement. Une personne qui change de scénario de vie sera obligée de mettre son numéro de

La petite musique du renoncement...

Quelqu'un qui ne croit pas en son efficacité personnelle aura tendance à ne pas agir, là où quelqu'un d'autre, avec moins de capacités ou de dons mais plus d'optimisme, passera à l'action. Ce qui les différencie, c'est le degré d'efficacité personnelle perçue, autrement dit la croyance qu'il leur est possible d'agir sur le monde plutôt que d'être contrôlés par lui. C'est ainsi que des personnes intelligentes et capables en viennent à envier des gens moins brillants intellectuellement mais plus actifs.

Un des scénarios de vie les plus destructeurs est sans doute celui qui associe l'incapacité à agir avec un sens élevé, souvent réaliste, de sa propre valeur. On entend alors ce genre de petites phrases : si j'avais voulu la gloire, je l'aurais eue ; j'ai préféré une vie sans histoires ; réussir demandait trop de travail ; j'ai préféré m'occuper de mes parents ; etc.

Ces préférences ou ces choix nostalgiques faits à contrecœur ont un air connu. C'est la petite musique du renoncement que l'on entend dans le théâtre de Tchekhov, traversé de mouettes crucifiées, de sœurs qui n'iront jamais à Moscou et de médecins ivrognes, soumis aux convenances sociales.

téléphone sur liste rouge, de changer d'appartement, de travail ou de reconstruire ses relations avec les autres en indiquant clairement les limites à ne plus dépasser. Les thérapies comportementales qui développent l'affirmation et l'estime de soi peuvent être envisagées pour faciliter la réorganisation des relations avec l'entourage.

6. L'étape de la rechute : quand l'ensemble des efforts ont échoué, il faut reprendre tout le cycle.

On remarquera que ce modèle en six étapes, d'origine anglo-saxonne, parle de précontemplation ou de contemplation : ces termes ne sont pas plus neutres en anglais qu'en français. Cela signifie qu'il y a ouverture d'un espace de réflexion pour permettre le développement de l'autocontrôle, c'est-à-dire la capacité à s'engager dans une action improbable compte tenu des contraintes de l'environnement. Cette démarche fait évidemment penser au bouddhisme, lequel propose également un espace de pensée et de réflexion personnelle.

Schéma du cycle du changement en fonction des étapes de la motivation (Prochaska et DiClemente, 1986)

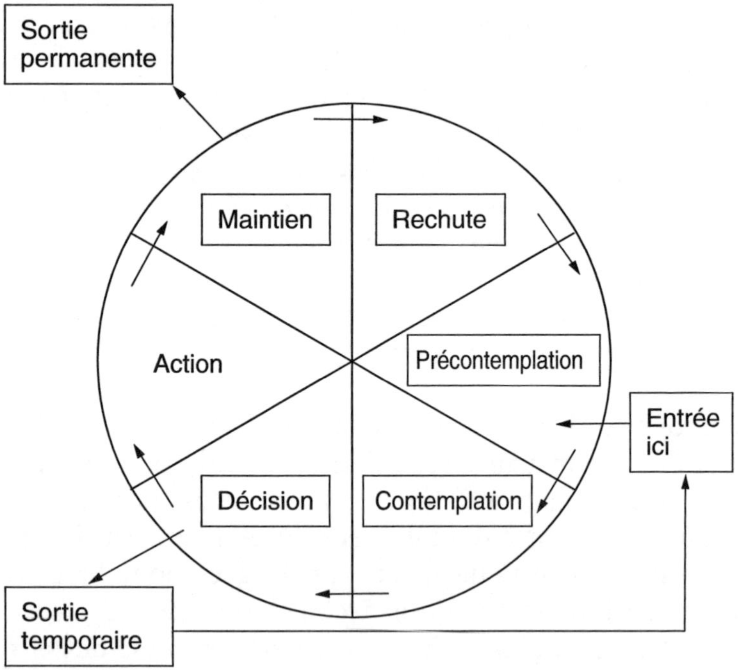

Le succès actuel du bouddhisme dans notre société vient sans doute de ce qu'il offre autre chose que l'agitation ou le bombardement passif par des images télévisées et des informations toujours mauvaises. Il propose aussi une alternative aux impératifs économiques ou publicitaires qui n'ont pas forcément l'importance qu'ils prétendent avoir et qui sont des agitateurs de désirs dont chacun perçoit plus ou moins clairement la vanité.

Les quatre nobles vérités du Bouddha et l'autodétermination

Un des premiers modèles d'autocontrôle a été proposé par le Bouddha Siddhartha Gautama qui a énoncé quatre nobles vérités qui demeurent toujours d'actualité [4]. Ces quatre nobles vérités s'énoncent ainsi :

1. La vie est pleine de souffrance.
2. La souffrance vient de ce que nous sommes dépendants de nos désirs.
3. La souffrance se termine quand cesse cette dépendance.
4. Le chemin vers la fin de la souffrance et la dépendance est la voie aux huit sentiers. Parmi ces huit sentiers, la méditation est l'instrument principal de changement ; les autres sentiers sont la justesse de la compréhension, de la pensée, de la parole, de l'action, du style de vie, de l'effort, de l'éveil et de la concentration.

COMMENT DÉCONSTRUIRE LE SCÉNARIO ?

Pour changer, il faut vraiment regarder en face sa propre histoire et se donner du temps pour écrire sa propre biographie. Il ne s'agit pas de contemplation passive ou de ruminations stériles sur le passé, les échecs et tout ce qui a pu mal fonctionner, mais d'une écriture active qui cherche à préciser les circonstances réelles de sa propre histoire de vie. Il ne s'agit pas non plus de rédiger un *curriculum vitæ* pour un embaucheur éventuel où seraient énumérés ses hauts faits professionnels : c'est plutôt son histoire personnelle, telle qu'elle a été vécue, qui doit être analysée.

Analyser le film de son histoire

Tout comme les scénarios de films, les scénarios de vie évoluent en trois temps. Le premier temps est l'exposition ; le deuxième, le nœud de l'intrigue ; le troisième, le dénouement. Une personne qui est prise dans un scénario de vie est bloquée au deuxième acte, dans le nœud de l'intrigue exactement. Et, si elle écrit le scénario, c'est pour en sortir par un possible « *happy end* ». À vous de définir, en fonction de votre histoire, quels sont ces trois actes.

Pour mieux comprendre ce que vous vivez, vous pouvez aussi vous aider du modèle d'analyse fonctionnelle défini par Greimas, qui permet de mieux comprendre les relations nouées avec ses proches.

Modèle d'analyse fonctionnelle du récit

1. Le destinateur : confie une mission au sujet.
2. Le sujet : désire l'objet.
3. L'objet : est désiré par le sujet.
4. L'opposant : va contrarier le désir du sujet.
5. L'adjuvant : va aider le sujet.
6. Le destinataire : représente le système de valeurs auquel se réfèrent le destinateur et le sujet.

Il ne faut pas, bien entendu, prendre chaque fonction du récit pour un personnage donné, car un même personnage peut changer de fonction. En outre, une fonction peut être remplie par autre chose qu'une personne : un événement physique comme un accident peut tenir lieu d'opposant dans la vie de quelqu'un. En structurant le récit de sa propre vie suivant ces modalités qui s'adaptent à n'importe quel écrit biographique ou fictif (roman, conte, nouvelle ou film), il est possible d'y voir beaucoup plus clair et de prendre des décisions.

Chercher le *remake*

Les scénarios de vie sont des histoires qui se répètent et qui sont typiques de certains fonctionnements de personnalité, qui peuvent être plus ou moins prononcés. Pour le dire autrement, entre une personne qui n'a pas de problème de personnalité et une personne qui souffre d'un trouble de personnalité, il n'y a pas de différence qualitative mais un continuum de traits, lesquels seront plus accentués dans le second cas. Une personnalité normale peut donc, elle aussi, produire des scénarios identiques, mais d'intensité moindre, car il lui est plus facile de changer, de prendre conscience de ses problèmes et de trouver des solutions.

Un des moyens d'aborder le problème du *remake* est de relire le chapitre III de cet ouvrage qui traite des dix principaux troubles de personnalité et des dix principaux scénarios, tous illustrés par des films connus, qui leur sont rattachés. Il vous sera alors possible de comprendre si votre scénario de vie est la nouvelle version d'une histoire récurrente. Vous pouvez aussi étudier les personnes de votre entourage avec qui il existe des conflits ou qui participent au piège à travers le prisme des films cités : les portraits présentés sont, psychologiquement parlant, souvent exacts. Vous pouvez aussi faire appel à votre propre culture cinématographique et vous servir d'autres films que ceux mentionnés.

Histoire d'Aline : Duel

Aline présentait une personnalité de type obsessionnel-compulsif ainsi que des phobies multiples. Elle était angoissée et ne pouvait plus conduire depuis qu'elle avait été serrée de trop près par un camion. Elle avait en mémoire l'image du camion fonçant sur elle et devenant de plus en plus gros dans son rétroviseur. Cette image traumatique et récurrente était un véritable flash-back, et elle évitait toutes les autoroutes.

Un des éléments du traitement que je lui prescrivis fut la vision du film *Duel* de Steven Spielberg (1971). Aline accepta d'acheter le film et d'en faire des projections répétées. Certaines séquences, qui correspondaient parfaitement à son histoire, l'aidèrent à s'en dégager. Petit à petit, les images du camion devinrent moins terrifiantes, et elle put reprendre l'autoroute.

Utiliser le modèle LIR

Comme nous l'avons vu, l'échelle LIR permet de mesurer les trois principales dimensions de la personnalité qui sont en relation avec l'autocontrôle : la Logique, l'Impulsivité et la Relation de dépendance. Ces trois dimensions peuvent être perturbées chez des personnes parfaitement normales : il suffit, pour cela, qu'elles soient prises dans une situation stressante ou un conflit.

Si vous vous situez en dessous du milieu de l'échelle (qui correspond au chiffre 4), votre problème n'est pas très intense. Si vous constatez qu'une seule des trois dimensions est affectée, c'est sur cette dimension qu'il vous faut porter vos efforts de changement.

Votre échelle LIR (Cottraux, 2000)

Sur les trois échelles suivantes, entourez le chiffre qui correspond le mieux à la manière dont vous vous percevez. Prenez en compte la semaine écoulée.

1. La logique de ma pensée

0.........1.........2.........3.........4.........5.........6.........7.........8

Parfaitement rationnel(le) — Entièrement illogique

2. Le contrôle de moi et de mes actes

0.........1.........2.........3.........4.........5.........6.........7.........8

Je me contrôle toujours — Je ne me contrôle pas du tout

3. Mon indépendance

0.........1.........2.........3.........4.........5.........6.........7.........8

Parfaitement dépendant(e) des autres — Totalement autonome

COMMENT RÉSOUDRE LES PROBLÈMES ?

Les personnes qui sont prises dans des scénarios de vie sont souvent des personnes qui subissent l'action d'agents stressants. Et c'est le stress, et ses conséquences, qui les empêche de sortir du scénario.

Il existe trois manières, plus ou moins efficaces et plus ou moins répandues, de gérer son stress :

— La première méthode consiste à utiliser des mécanismes psychologiques permettant de maintenir le stress à distance : par exemple, on nie la contrainte ou on intellectualise la menace. Il s'agit d'une méthode coûteuse et peu efficace qui ne fait que reporter le problème à plus long terme.

— La deuxième méthode consiste à agir directement sur les émotions générées par la situation stressante par la prise chronique d'alcool, de drogues ou de tranquillisants. Ces pratiques atténuent les effets du stress, sans réellement modifier le scénario dont elles ferment souvent la porte de sortie : on boit pour oublier qu'on est pris dans un scénario et on se retrouve pris dans le scénario de celui qui boit et qui a oublié pourquoi il boit...

— La troisième méthode pour échapper à la contrainte stressante est la résolution du problème. C'est sans doute la méthode la plus coûteuse en temps et en énergie, mais c'est aussi la plus efficace. Elle peut vous paraître extrêmement simple, mais elle est rarement mise en œuvre, car elle exige une certaine discipline personnelle. Elle demande aussi de se confronter à des problèmes que l'on souhaite éviter à tout prix, parfois même au prix de sa santé ou de sa liberté. Elle demande, enfin, de briser les routines des pensées et des habitudes, ce qui représente une dépense d'énergie et la recherche active de solutions originales. Elle fait donc appel à la créativité de chacun.

Tout problème a sa solution

La méthode de « résolution de problèmes[(2)] » se fonde sur un modèle circulaire comprenant sept étapes, qui ramènent souvent à l'étape 1, car la première solution trouvée est rarement la plus adaptée. Mise en œuvre de manière systématique, elle accroît les chances de résoudre une grande variété de problèmes.

1. Définir le problème : cette étape consiste à expliciter et à approfondir le problème, à en voir les causes et les conséquences. Exprimez-vous en termes précis et concrets, et veillez bien à intégrer le problème dans son contexte global.

2. Élaborer les solutions : il s'agit d'inventorier toutes les solutions possibles, sans les évaluer ou les censurer. C'est une sorte de « *brain-storming* ». Soyez le plus créatif possible, n'hésitez pas à inscrire des solutions imaginatives et non conventionnelles, ou en apparence absurdes.

3. Évaluer les solutions : mesurez chacune des solutions en recensant ses avantages et ses inconvéninents ; ses conséquences à court terme, à long terme, pour soi, pour les autres ; ses implications concrètes (argent, temps), etc. Faites cette évaluation par écrit ; prenez le temps de vous renseigner si certaines informations pertinentes vous manquent. À ce stade, mieux vaut bien évaluer, sans chercher à décider.

4. Prendre une décision : comparez le bilan des différentes solutions et optez pour une solution ou pour un ensemble de solutions. Cherchez plus un compromis que la solution « parfaite », et évitez de remettre au lendemain.

5. Exécuter la décision : précisez les tâches liées à l'exécution de la décision et fixez-vous un échéancier. Ayez des attentes réalistes : tenez compte du temps nécessaire pour exécuter la décision et en voir les effets.

6. Évaluer les résultats : mesurez les résultats de votre action en fonction des objectifs visés et du problème défini au préalable.

7. Recommencer et reprendre la résolution de problèmes : si les résultats obtenus sont insatisfaisants, recommencez à la première étape en redéfinissant et en reformulant le problème non résolu. Ne regardez pas votre résultat comme un échec mais plutôt comme le signe que le problème doit être reformulé, qu'il vous faut chercher une meilleure solution, trouver une stratégie de réalisation et, donc, reparcourir, étape par étape, tout le cycle.

Toute solution a ses limites

Vous pouvez, au cours de la méthode de résolution de problèmes, buter sur des difficultés qui vous empêchent de trouver la solution. Voici des conseils pour aider à surmonter l'obstacle.

Vous en êtes au stade de la définition du problème

À ce stade, il est souvent difficile de formuler le problème, car on n'en a qu'une conscience fragmentaire, voire pas de conscience du tout. On ressent un malaise vague, c'est tout. Voici un certain nombre de règles qui vous aideront à franchir cette étape avec succès :

— **Vous pouvez vous poser les questions suivantes pour bien préciser votre problème :** qui est impliqué ? Qu'est-ce qui se passe ou ne se passe pas qui vous perturbe ? Où cela se déroule-t-il ? Quand cela se déroule-t-il ? Pourquoi cela se déroule-t-il ? Quelles sont les raisons ou les causes à ce problème selon vous ? Quelle est votre réponse à la situation, c'est-à-dire les actions, les pensées, les émotions et les sentiments ?

N'hésitez pas à simplifier l'information en termes concrets et précis : cela vous permettra peut-être de commencer à distinguer ce qui est un fait objectif et les interprétations. Et inscrivez autant que possible ces différentes informations sur une feuille de papier. Si les pensées sont transitoires, que les émotions flottent et les sentiments fluctuent, les écrits, eux, restent, et ces informations vous seront utiles pour la suite.

— **Vous pouvez aussi utiliser la technique du flash-back au ralenti.** On se représente mentalement la situation dans laquelle on se retrouve fréquemment, et on note ce que l'on pense et ce que l'on ressent.

— **Vous pouvez, enfin, vous mettre dans la peau d'un détective** privé qui enquêterait sur la situation en question. En thérapie, il m'est arrivé, à plusieurs reprises, de demander à un patient : « Soyons ensemble comme deux flics honnêtes qui enquêtent sur votre passé. » À partir de là, il sera possible de commencer à corriger les interprétations erronées.

Vous en êtes au stade de la solution et de sa mise en œuvre

Il est fréquent de constater une discordance entre l'effet attendu et l'effet réel de la solution. Si c'est le cas, vous pouvez décider de refaire tout le cycle ou de travailler sur un plan qui permette de résoudre les obstacles les uns après les autres. Si vous n'y parvenez pas, il faut peut-être accepter que le problème soit insoluble et, plutôt que de changer l'ordre du monde, tenter de réduire vos émotions face au problème par des palliatifs (relaxation, thérapie, moyens pharmacologiques, etc.).

Dans beaucoup de cas, toutefois, on s'aperçoit, en parcourant de nouveau le cycle, qu'on s'est fixé des objectifs irréalistes au moment de la définition du problème, ce qui a eu des effets négatifs dans le processus de résolution. Si vous avez des buts qui sont, de manière totalement irréaliste, élevés, stricts et inflexibles, il est évident que vous aurez du mal à atteindre l'adéquation entre les résultats réels et les résultats sur le papier.

En fait, l'un des obstacles les plus importants à la résolution d'un problème est le perfectionnisme, qui consiste à croire que chaque problème qui se présente a une solution parfaite, que l'on doit forcément chercher, trouver et mettre en œuvre. Un des aspects positifs de la résolution de problèmes consiste précisément à rétablir des buts plus réalistes et à rediriger son désir vers autre chose.

Histoire : Juliette ou la clé des champs

Juliette, après un traumatisme psychologique assez sévère sur son lieu de travail — elle a été brusquement agressée —, se rend compte au cours de la résolution de problèmes qu'elle n'a jamais aimé ce métier mais qu'elle le fait pour plaire à ses parents et réaliser les ambitions de sa mère. Plutôt que d'affronter chaque jour la jungle des villes, elle préférerait une activité plus créative dans dans un milieu écologiquement plus satisfaisant.

Ainsi, la résolution de problèmes a permis à Juliette de structurer sa pensée, en permettant la mise à distance des émotions qui parasitaient sa prise de décision, et, avant tout, en l'amenant à définir aussi clairement que possible ses désirs et ses buts.

COMMENT RÉÉCRIRE LE SCÉNARIO ?

Vous voilà presque parvenu au terme de votre cheminement : il ne vous reste plus qu'à réécrire un scénario que vous jugez satisfaisant. Pour y arriver, vous devez libérer vos capacités créatives mais aussi éviter les chausse-trapes qui peuvent engloutir les changements de scénario.

L'erreur du choix inverse : le mythe d'Er

Sur la voie du changement, une personne peut songer à prendre un virage à 180 degrés : un timide se voudra héroïque ; un jeune loup voudra se changer en agneau ; un « *looser* » cherchera à transformer un échec professionnel en une revanche éclatante. En fait, dans ces cas de figure, il n'y a pas véritablement de changement : on reste dans le même schéma qui est simplement inversé. Mieux vaut se poser la question, non pas forcément du juste milieu, mais d'une modification du schéma qui permette de ne pas être pris systématiquement entre deux choix extrêmes.

C'est sans doute le message de Platon [6] à la fin de *La République*, lorsqu'il raconte le mythe d'Er, le Pamphylien, fils d'Armenios. Er était soldat et fut laissé pour mort sur le champ de bataille. Son âme s'en alla donc au Royaume des Morts, mais elle en revint, car les blessures n'étaient pas mortelles, et Er se réveilla sur le bûcher qui brûlait les morts de la bataille. Il put ainsi raconter ce qu'il avait vu. Il avait assisté au jugement des âmes. Celles qui n'étaient pas précipitées dans l'enfer du Tartare en raison de leurs méfaits avaient la possibilité de renaître et de choisir la vie qu'elles souhaitaient mener. Elles buvaient l'eau du fleuve Léthé, qui leur permettait d'oublier leur ancienne condition puis de renaître ailleurs, autrement.

Le spectacle des âmes choisissant leur nouvelle vie était « pitoyable, ridicule et étrange ». En effet, ce choix était l'inverse de la vie que chacun avait menée précédemment : les rois voulaient devenir des mendiants ; les gens célèbres, des citoyens ordinaires ; et ceux qui avaient été déçus par le genre humain voulaient se réincarner sous la forme d'un animal.

Comment devenir créatif ?

Quel que soit son champ d'expression, la créativité consiste à lutter contre les vieux schémas. Il peut s'agir de schémas culturels aussi bien que personnels : combattre des poncifs artistiques, des règles sociales contraignantes peut représenter un combat identique à la modification de règles personnelles particulièrement rigides.

Les scénarios de vie sont l'inverse de la créativité. L'imperméabilité des constructions personnelles a pour conséquences la rigidité, la répétition, l'entêtement, l'adhésion aux stéréotypes et surtout l'incapacité à mettre en perspective les événements de sa vie. Beaucoup de personnes ont des capacités créatives dans certains domaines de leur vie et n'en ont pas dans d'autres. La capacité de jouer, de passer d'une pensée à son opposé, le goût de l'exploration de l'incertitude et de la surprise doivent donc être développés pour changer le scénario de vie.

La créativité peut se définir comme un processus individuel ou collectif par lequel un domaine de la culture est transformé : elle aboutit à une réorganisation de l'environnement. Elle se retrouve chez des personnalités brillantes ou stimulantes, des individus qui présentent simplement un talent original dans un domaine spécifique de la vie ou des génies qui imposent un changement dans la manière d'interpréter le monde. Il existe aussi des groupes créatifs, qu'on appelle des « collèges invisibles » dans le domaine scientifique et des « cénacles » dans le domaine littéraire.

Un des éléments importants de la créativité est la pensée janusienne. Celle-ci dérive du nom de Janus, le dieu antique qui avait deux visages accolés l'un à l'autre (d'où son nom de Janus *bifrons*). La pensée janusienne consiste à concevoir activement et simultanément des oppositions au cours du processus créatif. Il s'agit d'une pensée dialectique, qui va d'une extrémité à l'autre d'un problème. La capacité d'effectuer des associations d'idées imprévues et des sauts cognitifs entre des domaines qui sont, apparemment, sans relation, celle de coder et de recatégoriser des informations de manière totalement inhabituelle, d'avoir une pensée souple sont des qualités attachées à la pensée janusienne.

Les personnes qui présentent ce type de pensée sont capables d'aller d'un bout à l'autre d'un schéma cognitif et d'en tirer une synthèse originale ; elles se situent aux antipodes, bien entendu, des personnes soumises aux impératifs d'un schéma ou d'un scénario de vie. Une étude(10) a montré que les personnes créatives étaient familières de ce type de fonctionnement mental. Plus précisément, ce qui fait le style cognitif des personnes créatives est l'ouverture et l'absence de censure, la prise de risque intellectuel, la capacité à traiter de nombreuses informations et à en recombiner rapidement les données.

Le piège d'une trop grande créativité

Les rapports entre la créativité et la dépression ont été étudiés. Sans aller jusqu'à parler de dépression, on peut se demander si l'inhibition de l'action ou certaines formes d'inhibition personnelle ne sont pas le négatif de la créativité. Ainsi, la créativité extrême serait l'extrême opposé de l'inhibition totale et de la dépression. Entre les deux se situerait toute une série de comportements plus ou moins créatifs.

La dépression est faite d'inhibition, d'incapacité à ressentir du plaisir, de rêveries stériles, de pensées rigides et négatives, d'absence de projection dans l'avenir et de désir de mort. La créativité, elle, se traduit par une tendance à l'action, par la capacité à avoir du plaisir, à jouer, à rêver, par une pensée souple et positive, une projection dans l'avenir et un désir de survie.

Plusieurs travaux [1, 3, 5, 7, 8, 12] ont montré que les personnes créatives avaient plus de risques de connaître des problèmes dépressifs que des personnes moins créatives. Effectivement, on peut se demander si les personnes extrêmement créatives ne sont pas en réalité prisonnières d'un schéma et de standards de fonctionnement très élevés, qui les rendent plus vulnérables aux échecs et à la dépression. Si la créativité permet, peut-être, de sortir de certains scénarios, l'extrême créativité peut être en soi un scénario qui polarise toute une vie avec ses propres difficultés. Un exemple célèbre va nous permettre d'expliciter ce point.

William Styron : La voix dans les ténèbres

L'écrivain américain William Styron a écrit sa propre histoire dans un ouvrage intitulé *Face aux ténèbres*[11]. Il raconte comment il utilisait l'alcool pour atteindre un état de fantaisie et d'euphorie qui accroissait ses capacités imaginatives et lui permettait d'écrire ses livres (certains ont eu un retentissement international comme *Le Choix de Sophie*).

Au bout d'un certain temps, il voulut se libérer de l'emprise de l'alcool, devint abstinent et sombra dans un état dépressif qui bloqua toute création. Ayant reçu le prix Cino Del Duca, il se rendit à Paris, fut à peine poli avec les personnes qui le congratulaient, revit les lieux de sa jeunesse avec nostalgie et décida de rentrer à New York pour se suicider. De retour chez lui, par hasard, en ouvrant la radio, il entendit une chanteuse qu'il connaissait bien interpréter la *Rhapsodie* pour voix de contralto de Brahms. Cette œuvre d'inspiration mystique contient un splendide mouvement ascendant de la voix et de l'orchestre. Cette montée vers un ailleurs va alors lui donner la force de réclamer une hospitalisation.

À la suite de multiples traitements médicamenteux et psychologiques, qu'il décrit avec humour, Styron réussira à atteindre l'autre versant, plus serein mais aussi moins créatif, de son existence. Ses dernières interviews le montrent plus préoccupé par l'art de vivre que par la création artistique.

VERS DE NOUVEAUX CLICHÉS

Nous avons transposé dans le domaine de la psychologie quotidienne des méthodes de changements personnels issues de la thérapie cognitive des troubles de la personnalité. L'histoire de William Styron, racontée avec grand talent et sincérité, montre la différence entre un schéma de personnalité rigide et un schéma souple, entre la tyrannie des « je dois » et l'art de vivre. Elle montre aussi la nécessité d'un refuge culturel pour sortir d'un scénario de vie.

Si les psychothérapeutes ont autant de demandes actuellement, c'est peut-être parce que la culture du temps réel, de l'éphémère et du pseudo-réel télévisé a brouillé les repères permettant de résoudre bon nombre de souffrances psychologiques. La crise actuelle est vraisemblablement tout autant culturelle qu'économique : c'est une crise de l'image et de l'imagination, devant laquelle il conviendrait de se montrer plus créatif que répétitif.

Comme le disait un magnat du cinéma américain des années 1940, Samuel Goldwyn, « cherchons de nouveaux clichés ». Le sort de chaque créateur est d'être copié. L'individu créatif construit un monde plus vrai en établissant des relations inconnues avant lui, mais cette vérité nouvelle deviendra le cliché de demain. Une personne qui veut se libérer de son schéma doit, avant tout, développer son autonomie par rapport à des standards sociaux, familiaux et personnels, au caractère plus ou moins impératif.

Épilogue

Fin des scénarios et scénario de la fin

Après avoir si longuement disserté sur les scénarios écrits, filmés ou vécus par les autres, j'aurais mauvaise grâce à ne pas prendre le risque d'essayer d'en écrire au moins un. Je vais le faire en prolongeant la science par la science-fiction.

SCÉNARIO : LE MONDE DES OMBRES (*SHADOW WORLD*)

L'action commence en 2222. L'homme a disparu de la planète, à la suite d'épidémies, de famines, de guerres et de dérégulation du climat. La première scène représente un monde en ruine, mais en train de renaître. Le ciel a repris sa pureté, et les saisons leur cours ; les océans se repeuplent, et une nouvelle espèce de papillons se développe. D'une envergure de un ou deux mètres, ils survolent les restes des cités vides, que la jungle, la forêt et les autres animaux ont commencé à reconquérir.

Les habitants de la planète Sirius, qui, jusque-là, avaient d'autres chats à fouetter que de s'occuper des autres espèces de la Galaxie, décident de lancer une expédition pour savoir ce qui s'est passé. L'absence humaine sur la Terre, dont ils suivaient les péripéties depuis longtemps, commence à inquiéter les scientifiques et les politiques. Il faut faire quelque chose : une menace pour Sirius gît peut-être là-bas. Pour calmer l'opinion, le ministre de la Pluralité des Mondes, désigne trois archéologues, Falah, Tabeh et Magah, et une centaine de techniciens pour effectuer une reconnaissance et rendre un rapport dont le sort probable sera de sommeiller, avec des millions d'autres, dans les archives du Bureau des Songes Creux.

Falah, Tabeh et Magah débarquent sur la Terre et commencent à l'explorer. Ils n'arrivent pas à comprendre ce qui s'est passé : quel scénario peut expliquer une telle disparition rapide de toute une espèce ? Aucun météore, aucun facteur physique apparent : l'espèce se serait-elle effondrée de l'intérieur sous le poids d'un excès de croissance ? Ils rentrent sur Sirius et doivent convaincre le ministre de la Pluralité des mondes de leur donner plus de moyens. Pour cela, ils formulent une hypothèse plausible : une grande partie de l'humanité serait cachée dans des souterrains : seul écosystème adapté à leurs possibles mutations génétiques. Il faudrait capturer quelques spécimens pour les étudier. En fait, ils n'en savent rien, et ils n'ont aucun indice. Mais ils sont fascinés par leur mission. De plus, ils veulent essayer d'accroître leur science et leur renommée et d'obtenir ainsi le Prix du Savoir Transversal, doté de trente millions de Sorrows [monnaie sirienne : note du traducteur].

Après une longue intrigue, ils obtiennent leurs crédits et commencent les fouilles sur la Terre près d'un fleuve où une grande tour métallique de plus trois cents mètres est effondrée. En traversant le fleuve, ils tombent sur les ruines d'un bâtiment où ils observent des inscriptions sur un fronton qui, à terre, témoigne du désastre. Voici leurs dialogues :

FALAH : Quelle splendeur ! Je ne me lasserai jamais de respirer la poussière d'un Empire. À propos, j'ai mis trois secparunit [quinze secondes du temps sirien : note du traducteur] à apprendre les rudiments du français, mais je ne saisis pas très bien le sens de cette inscription : « N'entre pas sans désir ».

TABEH : Il me semble que c'est clair, il s'agit d'une maison de passe ; les Terriens avaient deux sexes, et les personnes de sexe masculin en étaient les habitués, d'après ce que j'ai lu dans plus de mille volumes, hier dans la très petite bibliothèque spécialisée qui est proche d'ici.

MAGAH : Votre hypothèse n'est pas dépourvue de sens. Mais « désir » est un nom fréquent chez les humains, d'après ce que je sais, et il s'agit peut-être du nom de leur dieu. On aurait alors affaire à une église.

TABEH : Vous voyez des gens comme cela croire en un dieu ?

MAGAH : Nous avons bien cru que les images et les couleurs qui défilent sur nos corps n'étaient que les rêves du Grand Dormeur immobile qui sommeille au centre de Sirius. La science a depuis longtemps réfuté cette illusion. Nous sommes doués d'indépendance et de raison. Évidemment, nous ne sommes pas comme les humains, nos corps sont des rectangles plats, alors qu'eux avaient un corps qui se déployait dans les trois dimensions. C'est ce que montre le traité d'anatomie datant de l'époque romaine, vers 1930 du temps humain, que nous avons retrouvé à Lugdunum, lors de la première expédition. Mais ce n'est pas cette apparence étrange qui nous permet de juger qu'ils furent moins intelligents que nous. Primitifs mais pas stupides. Désir devait être une sorte de divinité archaïque, à laquelle ils avaient dédié la tour métallique qui est de l'autre côté du fleuve.

Un technicien s'approche des trois archéologues et interrompt leur conversation. Il vient de découvrir dans les décombres un stock de vieux films et, en quelques minutes, avec ses collaborateurs, il a reconstruit un appareil de projection, dont la technologie primitive et le mode d'emploi ne posent pas de problèmes pratiques.

Falah, Tabeh et Magah entrent dans la Cinémathèque, ils se font accompagner par une section de sécurité car ils ont compris qu'ils allaient passer des images sur des rectangles blancs et ils se demandent si les terriens ne sont pas simplement devenus des ombres qui vont s'échapper lors de la projection. Ce serait le moment de les capturer en évitant tout danger.

La projection commence et...

...LE MOT FIN S'INSCRIT SUR L'ÉCRAN

Le spectateur anonyme a quitté la salle de cinéma, il traverse les Champs-Élysées ; le bruit des automobiles, le froid et les lumières de Noël le tirent de sa rêverie. Il va s'asseoir dans un bar et commande un café. Il se dit que ce film de science-fiction était remarquablement stupide, et qu'il n'ira plus voir de film de ce genre. Il ressent un vague malaise. Il se dit que personne n'en sait assez pour avoir le droit d'être aussi pessimiste. Mais il se demande s'il est encore temps de changer le scénario...

Références bibliographiques

Introduction : Quand la vie se répète

1. ALEXANDRIAN S., *Soixante Sujets de roman au goût du jour et de la nuit*, Fayard, Paris, 2000.
2. BERGSON H., *Le Rire*, PUF, Paris, 1956, 1995.
3. ERIKSON E. H., « Growth and crises of the healthy personality », *Psychological Issues*, 1959, 5-100.

Chapitre premier : Quel est votre scénario ?

1. AMERICAN PSYCHIATRIC ASSOCIATION, *Diagnostic Statistical Manual of Mental Disorders* (4th ed.), DSM-IV, American Psychiatric Association, Washington, DC, 1994. Traduction J. D. GUELFI, *Manuel statistique et diagnostique des troubles mentaux*, Masson, Paris, 1996.
2. MONAT A. et LAZARUS R. S., *Stress and Coping. An Anthology*, Columbia University Press, New York, 1991.

Chapitre II : Scénarios de vie et scénarios de films

1. ADLER A., Émission télévisée sur la « Cagoule », Arte, 1999.
2. AUMONT M. et MARIE M., *L'Analyse des films*, Nathan Université, Paris, 1988.
3. BORGES J. L., *Fictions*, Gallimard, Paris, 1957.
4. CARREL A., *L'Homme, cet inconnu*, Plon, Paris, 1935.
5. CARREL A., *Réflexions sur la conduite de la vie*, Plon, Paris, 1950.
6. CARRIÈRE J. C. et BONITZER P., *Exercice du scénario*, FEMIS, Paris, 1990.

7. CHION M., *Écrire un scénario*, Cahiers du cinéma, Paris, 1985.

8. DEBRAY Q. et PACHOUD B., *Le Récit, aspects philosophiques, cognitifs et psychopathologiques*, Masson, Paris, 1993.

9. ECO U., « James Bond : une combinaison narrative », *Communications*, 8, 1966, 77-93.

10. GENETTE G., *Figures II*, Seuil, Paris, 1969.

11. GREIMAS A. J., *Sémantique structurale*, PUF, Paris, 1995.

12. JENN P., *Techniques du scénario*, FEMIS, Paris, 1991.

13. PROPP V., *Morphologie du conte* (1928), Seuil, Paris, 1970.

14. TULARD J., *Guide des films*, 2 vol., Robert Laffont, Paris, 1990.

15. TULARD J., *Guide des metteurs en scène*, Robert Laffont, Paris, 1995.

16. *Webster's Dictionary of the American Language*, 2nd college edition, William Collins, Cleveland, 1972.

NB : les lecteurs qui seraient intéressés par plus de détails sur les films cités peuvent se référer aux ouvrages de Tulard (14, 15) *qui ont été ici utilisés pour les dates des films et les noms des metteurs en scène. Les films cités passent et repassent sur les chaînes télévisées, et sont pour la plupart disponibles en vidéo ou DVD.*

Chapitre III : Scénarios de vie et personnalité

1. AMERICAN PSYCHIATRIC ASSOCIATION, *Diagnostic Statistical Manual of Mental Disorders* (4th ed.), DSM-IV, American Psychiatric Association, Washington, DC, 1994. Traduction J. D. GUELFI, *Manuel statistique et diagnostique des troubles mentaux*, Masson, Paris, 1996.

2. DE GIROLAMO G. et REICH J. H., *Personality Disorders*, WHO, Genève, 1993.

3. LIVESLEY W. J., JANG K. L., VERNON P. A., « Phenotypic and genetic structure of traits delineating personality disorder », *Archives of General Psychiatry*, 55, 1998, 941-948.

4. ORGANISATION MONDIALE DE LA SANTÉ, *CIM-10/ICD-10. Classification des troubles mentaux et des troubles du comportement. Critères diagnostiques pour la recherche*, Masson, Paris, 1994.

5. SILK K. R., *Biology of Personality Disorders*, APA, Washington, 1998.

6. THÉOPHRASTE, *Les Caractères*, traduction par La Bruyère *in Moralistes du XVIIe siècle*, Laffont, Bouquins, Paris, 1992.

Chapitre IV : Trois inconscients pour un scénario

1. COTTRAUX J. et BLACKBURN, I. M., *Thérapies cognitives des troubles de la personnalité*, 2e éd., Masson, Paris, 1997.

2. COTTRAUX J., *Les Thérapies comportementales et cognitives*, 3e éd., Masson, Paris, 1998.

3. FREUD S., *Beyond the pleasure principle* (Au-delà du principe de plaisir), Standard Edition, The Hogarth Press, London, 1961, 7-64.

4. FREUD S. et BREUER J., *Études sur l'hystérie* (1895), PUF, Paris, 1956.

5. GAUCHET M., *L'Inconscient cérébral*, Seuil, Paris, 1992.

6. JANET P., *L'Automatisme psychologique*, 1889, réédition, Odile Jacob, Paris, 1999.

7. LAPLANCHE J. et PONTALIS J. B., *Vocabulaire de la psychanalyse*, PUF, Paris, 1967.

8. LORENZ K., *L'Agression, une histoire naturelle du mal*, Flammarion, Paris, 1969.

9. PLATON, *Phèdre*, trad. E. Chambry, Flammarion, Paris, 1964.

10. WHYTE L., *L'Inconscient avant Freud*, Payot, Paris, 1971.

Chapitre V : Inconscient biologique et personnalité

1. AMERICAN PSYCHIATRIC ASSOCIATION, *Diagnostic Statistical Manual of Mental Disorders* (4th ed.), DSM-IV, American Psychiatric Association, Washington, DC, 1994. Traduction J. D. GUELFI, *Manuel statistique et diagnostique des troubles mentaux*, Masson, Paris, 1996.

2. CATTELL R. B., « Advances in catellian personality theory », *in* PERVIN L. E. (ed.), *Handbook of Personality. Theory and Research*, The Guilford Press, New York, 1990, 101-110.

3. CLONINGER C B., *Personality and Psychopathology*, APA, Washington, 1999.

4. CLONINGER R. C., « The genetics and psychobiology of the seven-factor model of personality », *in* SILK K. R., *Biology of Personality Disorders*, APA, Washington, 1998.

5. COTTRAUX J., *Les Ennemis intérieurs*, Odile Jacob, Paris, 1998.

6. DONOHEW L., PALMGREEN P. et LORCH E. P., « Attention and need for sensation, and health communication campaigns », *American Behavioral Scientist*, 38, 2, 1994, 310-322.

7. EYSENCK H. J. et EYSENCK M. W., *Personality and Individual Differences*, Plenum Press, London, 1985.

8. HAMER D. H., GREENBERG B. D., SABOL S. Z. et MURPHY D., « Role of the serotonin transporter gene in temperament and character », *Journal of Personality Disorders*, 13, 4, 1999, 312-328.

9. LESCH K. P., BENGEL D., HEILS A., SABOL S. Z., GREENBERG B. D., PETRI S., BENJAMIN J., MÜLLER C. R., HAMER D. H. et MURPHY D., « Association of anxiety-related traits with a polymorphism in the serotonin transporter gene regulatory region », *Science*, 274, 1996, 1527-1531.

10. LIVESLEY W. J., JANG K. L. et VERNON P. A., « Phenotypic and genetic structure of traits delineating personality disorder », *Archives of General Psychiatry*, 55, 1998, 941-948.

11. PARIS J., « Significance of biological research for a biopsychosocial model of the personality disorder », *in* SILK K. R., *Biology of Personality Disorders*, APA, Washington, 1998.
12. SAPOLSKY R. H., « Genetic hyping », *The Sciences*, March-April, 2000, 12-15.
13. SILK K. R., *Biology of Personality Disorders*, APA, Washington, 1998.
14. ZUCKERMAN M., *Psychobiology of Personality*, Cambridge University Press, Cambridge, 1991.

Chapitre VI : Inconscient environnemental et conditionnement

1. ADÈS J. et LEJOYEUX M., *La Fièvre des achats. Le syndrome des achats compulsifs*, Sanofi-Synthélabo, Paris, 1999.
2. BANDURA A., *Social Learning Theory*, Prentice Hall, Englewood Cliffs, New Jersey, 1975.
3. BLACK D. W., BELSARE G. et SCHLOSSER S., « Clinical features, psychiatric comorbidity, and health related quality of life in persons reporting compulsive computer use behavior », *Journal of Clinical Psychiatry*, 60, 1999, 839-844.
4. COTTRAUX J., *Les Ennemis intérieurs*, Odile Jacob, Paris, 1998.
5. CARNES P. J., *Don't Call It Love : Recovery from Sexual Addiction*, Bantam Books, New York, 1991.
6. JOULE R. V. et BEAUVOIS J. L., *Petit Traité de manipulation à l'usage des honnêtes gens*, PUG, Paris, 1987.
7. LEDOUX J., *The Emotional Brain,* Touchtstone, Simon and Schuster, New York, 1998.
8. LIEBERT R. M. et SPRAFKIN J., *The Early Window*, Pergamon Press, New York, 1988.
9. MULLEN P. E., PATHÉ M., PURCELL R. et STUART G. W., « Study of stalkers », *American Journal of Psychiatry*, 156, 8, 1999, 1244-1249.
10. OLDHAM J. M., HOLLANDER E. et SKODOL A. E., *Impulsivity and Compulsivity*, American Psychiatric Press, Washington, 1996.
11. PARIS J., « Significance of biological research for a biopsychosocial model of the personality disorder », *in* SILK K. R., *Biology of Personality Disorders*, APA, Washington, 1998.
12. SKINNER B. F., *L'Analyse expérimentale du comportement*, Dessart et Mardaga, Bruxelles, 1971.

Chapitre VII : Variation sur l'environnement : trauma et inconscient

1. American Psychiatric Association, *Diagnostic Statistical Manual of Mental Disorders* (4th ed.), DSM-IV, American Psychiatric Association, Washington, DC, 1994. Traduction J. D. Guelfi, *Manuel statistique et diagnostique des troubles mentaux*, Masson, Paris, 1996.

2. Barlow D., *Anxiety and Its Disorder*, Guilford Press, New York, 1988.

3. Bremner J. D., Krystal J. H., Charney D. S. et Southwick S. M., « Neural mechanisms in dissociative amnesia for childhood abuse : relevance to the current controversy surrounding the "false memory syndrome" », *American Journal of Psychiatry*, 53, 7, 1996, 71-82.

4. Chu J. A., Frey L. M., Ganzel B. L. et Matthews J. A., « Memories of chidhood abuse : dissociation, amnesia and corroboration », *American Journal of Psychiatry*, 156, 1999, 749-755.

5. Harvey A. G., Bryant R. A. et Rapee R. M., « Preconscious processing of threat in post-traumatic stress disorder », *Cognitive Therapy and Research*, 20, 6, 1996, 613-623.

6. Johnson J. G., Cohne P., Brown J., Smailes E. M. et Bernstein D. P., « Childhood maltreatment increases risk for personality disorders during early adulthood », *Archives of General Psychiatry*, 56, 1999, 600-606.

7. Kendler K. S., Bulik C. M., Silberg J., Hettema J. M., Myers J. et Prescott C. A., « Childhood sexual abuse and adult psychiatric and substance use disorders in women : an epidemiological and cotwin control analysis », *Archives of General Psychiatry*, 57, 2000, 953-959.

8. Loftus E. F., Polensky S. et Fullilove M. T., « Memories of childhood sexual abuse remembering and repressing », *Psychology of Women Quarterly*, 18, 1994, 67-84.

9. Loftus E. et Ketchman K., *Le Syndrome des faux souvenirs* (1994), Éditions Exergue, Paris, 1997.

10. Organisation mondiale de la santé, *CIM-10/ICD-10. Classification des troubles mentaux et des troubles du comportement. Critères diagnostiques pour la recherche*, Masson, Paris, 1994.

11. Oliver J. E., « Intergenerational transmission of child abuse : rates, research, and clinical implications », *American Journal of Psychiatry*, 150, 9, 1993, 1315-1324.

12. Otnow Lewis D., Yeager C. A., Swica Y., Pincus J. H. et Lewis M., « Objective documentation of child abuse and dissociation in 12 murderers with dissociative identity disorder », *American Journal of Psychiatry*, 154, 1997, 1703-1710.

13. POPE H. G., HUDSON J. I., BODKIN A. et OLIVA P., « Questionable validity of "dissociative amnesia" in trauma victims », *British Journal of Psychiatry*, 172, 1998, 210-215.

14. RAUCH S., VAN DER KOLK B. A., FISLER R. E., ALPERT N. M., ORR S. P., SAVAGE C. R., FISCHMAN A. J., JENIKE M. et PITMAN R. K., « A symptom provocation study of posttraumatic stress disorder using positron emission tomography and script-driven imagery », *Archives of General Psychiatry*, 53, 1996, 380-387.

15. RUSSELL D., *The Secret Trauma*, Basic Books, New York, 1986.

16. SHIN L. M., MCNALLY R. J., KOSSLYN S. M., THOMPSON W. L., RAUCH S. L., ALPERT N. M., METZGER L., LASKO N. B., ORR S. P. et PITMAN R., « Regional blood flow during script-driven imagery in chilhood sexual abause-related PTSD : a PET investigation », *American Journal of Psychiatry*, 156, 4, 1999, 575-584.

17. VAN DER KOLK B. A., MCFARLANE A. C. et WEISAETH L., *Traumatic Stress*, The Guilford Press, New York, 1996.

18. YEHUDA R., *Psychological Trauma*, American Psychiatric Press, Washington, 1998.

19. YEHUDA R., SCHMEIDLER J., GILLER E. L., SIEVER L. J. et BINDER-BRYNES K., « Relationship between post-traumatic stress disorder characteristics of holocaust survivors and their adult offspring », *American Journal of Psychiatry*, 155, 6, 1998, 841-843.

20. YEHUDA R., BIERER L. M., SCHMEIDLER J., ALFERIAT D. H., BRESLAU I. et DOLAN S., « Low cortisol and risk for PTSD in adult offspring of holocaust survivors », *American Journal of Psychiatry*, 157, 8, 2000, 1252-1259.

21. ZANARINI M. C., WILLIAMS A. A., LEWIS R. E., REICH R. B., VERA S. C., MARINO M. F., LEVIN A., YONG L. et FRANKENBURG F. R., « Reported pathological childhood experiences associated with the development of borderline personality disorder », *American Journal of Psychiatry*, 154, 1997, 1101-1106.

Chapitre VIII : Inconscient cognitif et scénarios de vie

1. ALFORD B. A. et BECK A. T., *The Integrative Power of Cognitive Therapy*, The Guilford Press, New York, 1997.

2. ALLOY L. B., ABRAMSON L. Y., WHITEHOUSE W. G., HOGAN M. E., TASHMAN N. A., STEINBERG D. L., ROSE D. T. et DONOVAN P., « Depressogenic cognitive styles : predictive validity, information processing and personality characteristics, and developmental origins », *Behaviour Research and Therapy*, 37, 1999, 503-531.

3. BECK A. T., FREEMAN A. et coll., *Cognitive Therapy of Personality Disorder*, Guilford Press, New York, 1990.

4. COTTRAUX J. et BLACKBURN I. M., *Thérapies cognitives des troubles de la personnalité* (2e ed.), Masson, Paris, 1997.

5. KELLY G., *A Theory of Personality. The Psychology of Personal Constructs*, Norton, New York, 1955.

6. LEE C. W., TAYLOR G. et DUNN J., « Factor structure of the schema questionnaire in a large clinical sample », *Cognitive Therapy and Research*, 23, 4, 1999, 441-451.

7. MIHAHESCU G., SÉCHAUD M., COTTRAUX J., VELARDI A., HEINZE X., FINOT S. C. et BAETTIG D., « Le questionnaire des schémas cognitifs de Young : traduction et validation préliminaire », *L'Encéphale*, 23, 1997, 200-208.

8. SCHMIDT N. B., JOINER T. E. , YOUNG J. E. et TELCH M. J., « The schema questionnaire : investigation of psychometric properties and the hierarchichal structure and measure of maladaptive schemas », *Cognitive Therapy and Research*, 19, 5, 1995, 295-321.

9. YOUNG J. E. et LINDEMANN M. D., « An integrative schema-focused model for personality disorders », *Journal of Cognitive Psychotherapy : An International Quarterly*, 6 (1), 1993, 11-23.

10. YOUNG J. E. et KLOSKO J. S., *Je réinvente ma vie*, Les Éditions de l'Homme, Montréal, 1995.

Chapitre IX : Comment lire les scénarios de vie ?

1. AMERICAN PSYCHIATRIC ASSOCIATION, *Diagnostic Statistical Manual of Mental Disorders* (4th ed.), DSM-IV, American Psychiatric Association, Washington, DC, 1994. Trad. J. D. GUELFI, *Manuel statistique et diagnostique des troubles mentaux*, Masson, Paris, 1996.

2. BETTELHEIM B., *Psychanalyse de contes de fées*, Robert Laffont, Paris, 1976.

3. COTTRAUX J., *Les Ennemis intérieurs*, Odile Jacob, Paris, 1998.

4. COTTRAUX J. et BLACKBURN I. M., *Thérapies cognitives des troubles de la personnalité*, Masson, Paris, 1995 (2e éd., 1997).

5. GABBARD G. O. et GABBARD K., *Psychiatry and the Cinema*, 2nd ed., American Psychiatric Press, Washington, 1999.

6. HESLEY J. W. et HESLEY J. G., *Rent Two Films and Let's Talk in the Morning*, John Wiley, New York, 1998.

7. LÉVI-STRAUSS C., *La Potière jalouse*, Plon, Paris, 1985.

8. PERRAULT C., *Contes des fées*, Bernardin Béchet, Paris, 1878.

9. PIAGET J., *Six Études de psychologie*, Gonthier, Médiations, Paris, 1964.

10. RANK O., *Don Juan et le double. Études psychanalytiques* (1932), Payot, Paris, 1973.

11. ROUGEMONT D. DE, *L'Amour et l'Occident* (1938), Plon, Paris, 1972.

12. *Tristan et Iseut, les poèmes français et la saga norroise*, traduction par Daniel LACROIX et Philippe WALTER, Le Livre de Poche, Paris, 1989.

13. *Tristan et Iseut*, traduction, notes et commentaires de René LOUIS, Le Livre de Poche, Paris, 1972.

14. VERNANT J.-P., *Mythe et société en Grèce ancienne*, La Découverte, Paris, 1974, 195-250.

Chapitre X : Scénarios de vie et thérapie cognitive : comment changer ?

1. BECK A. T., FREEMAN A. et coll., *Cognitive Therapy of Personality Disorder*, Guilford Press, New York, 1990.

2. COTTRAUX J. et BLACKBURN I. M., *Thérapies cognitives des troubles de la personnalité*, Masson, 1995 (2e ed., 1997).

3. COTTRAUX J. et BLACKBURN I. M., « Cognitive therapy of personality disorder », *in* LIVESLEY J. (ed), *Handbook of Personality Disorder*, Guilford Press, New York, 2001.

4. LAYDEN M. A., NEWMAN C. F., FREEMAN A. et MORSE S. B., *Cognitive Therapy of Borderline Personality Disorder*, Allyn & Bacon, Boston, 1993.

5. LINEHAN M., TUTEK D. A, HEARD H. L. et ARMSTRONG H. E., « Interpersonal outcome of cognitive behavioral treatment for chronically suicidal borderline patient », *American Journal of Psychiatry*, 151, 12, 1994, 1171-1176.

6. LINEHAN M. N., *Skills Training Manual for Treating Borderline Personality Disorders* (1993), Guilford Press, New York. Traduction française : *Manuel d'entraînement aux compétences pour traiter les troubles de personnalité état limite*, traduction Pierre WEHRLÉ et Dominique PAGE, Médecine et Hygiène, Zurich, 2000.

7. PADESKY C. A. et GREENBERGER D., *Clinician's Guide to Mind over Mood*, Guilford Press, New York, 1995.

8. STEIN G., « Drug treatment of personality disorder », *British Journal of Psychiatry*, 161, 1992, 167-184.

9. STEVENSON J. et MEARES R., « An outcome study of psychotherapy for patients with borderline personnality disorder », *American Journal of Psychiatry*, 149, 1992, 358-366.

Chapitre XI : Vivre sa vie sans se tromper de scénario

1. ANDREASEN N. C., « Creativity and mental illness : prevalence rates in writers and their first-degree relatives », *American Journal of Psychiatry*, 144-10, 1987, 1288-1292.

2. D'ZURILLA T. J. et NEZU A. M, *Problem Solving Therapy*, Springer, New York, 1999.

3. LUDWIG A. M., « Mental illness and creative activity in female writers », *American Journal of Psychiatry*, 151-11, 1994, 1650-1656.

4. MIKULAS W. L., « Four noble truths of buddhism related to behavior therapy », *The Psychological Record*, 28, 1978, 59-67.

5. NEWMAN C. F., « Hypotheticals in cognitive psychotherapy : creative questions, novel answers, and therapeutic change », *Journal of Cognitive Psychotherapy : An International Quaterly*, 14-2, 2000, 135-147.

6. PLATON, *La République*, Garnier, Paris, 1958.

7. POST F., « Creativity and psychopathology : a study of 291 world-famous men », *British Journal of Psychiatry*, 165, 1994, 22-34.

8. POST F., « Verbal creativity, depression and alcoholism : an investigation of one hundred American and British writers », *British Journal of Psychiatry*, 168, 1996, 545-555.

9. PROCHASKA J. O. et DI CLEMENTE C. C., « Toward a comprehensive model of change », *in* MILLER W. et HEATHER N. (eds), *Treating Addictive Behaviors*, Plenum Press, New York, 1986, 3-27.

10. ROTHENBERG A., « Psychopathology and creative cognition », *Archives of General Psychiatry*, 40, 1983, 937-942.

11. STYRON W., *Darkness Visible. A Memoir of Madness*, Random House, New York, 1989. Traduction française : *Face aux ténèbres*, Gallimard, Paris, 1990.

12. SHAPIRO P. J. et WEISBERG R. W., « Creativity and bipolar diathesis : common behavioural and cognitive components », *Cognition and Emotion*, 13, 6, 1999, 741-762.

Annexes

Annexe du chapitre III : L'échelle d'infériorité (Yao, 1996)

Cette échelle a été validée : un score de 100 (+ ou – 30) correspond à des sujets présentant un trouble anxieux.

À vous

Vous trouverez ci-dessous une liste de pensées. Pour chacun des énoncés, veuillez encercler le chiffre de 1 à 5 qui correspond le mieux à votre façon de penser selon l'échelle suivante :

1	2	3	4	5
Ne correspond *pas du tout*	Correspond *faiblement*	Correspond *moyennement*	Correspond *assez fortement*	Correspond *exactement*

J'ai souvent peur d'être moins bien que les autres.	1	2	3	4	5
J'ai peur que, si les choses sont mal faites, on croit que je suis moins compétent(e) que les autres.	1	2	3	4	5

J'ai toujours l'impression que l'on ne voit pas mes qualités.	1	2	3	4	5
Il faut que je sois toujours à la hauteur, sinon je suis inférieur(e) à tout le monde.	1	2	3	4	5
J'ai souvent peur que l'on ait une mauvaise image de moi.	1	2	3	4	5
Même si j'ai beaucoup de qualités, j'ai toujours l'impression que je n'en ai pas.	1	2	3	4	5
Je supporte mal d'être fatigué(e), car cela me diminue.	1	2	3	4	5
Si les autres me font un compliment, ils vont s'apercevoir que je ne le méritais pas.	1	2	3	4	5
J'ai peur d'apparaître ridicule car cela va me diminuer.	1	2	3	4	5
Même si je peux réussir certaines choses difficiles, je me sens toujours moins compétent(e) que les autres.	1	2	3	4	5
Si j'apparais maladroit(e), je serai mal considéré(e) par les autres.	1	2	3	4	5
Il faut que je fasse toujours mieux que les autres, sinon, je serai sous-estimé(e) par tout le monde.	1	2	3	4	5
Si je suis critiqué(e) par les autres, je me sens rabaissé(e).	1	2	3	4	5
Si les autres voient mes faiblesses, ils vont croire que je suis quelqu'un d'incapable.	1	2	3	4	5
Je voudrais toujours que toutes les choses soient bien faites, sinon, je suis inférieur(e) aux autres.	1	2	3	4	5
Si on me critique, cela veut dire que je suis mal jugé(e) par les autres.	1	2	3	4	5
Il faut au moins que je sache tout ce que les autres savent pour être apprécié(e) d'eux.	1	2	3	4	5
Je me sens diminué(e) si je demande de l'aide.	1	2	3	4	5

J'ai peur de ne pas être à la hauteur, car je ne serais pas apprécié(e) par tout le monde.	1	2	3	4	5
J'ai peur de faire la moindre erreur, car je risque de donner une mauvaise image de moi aux autres.	1	2	3	4	5
Si je montre le moindre signe d'anxiété, je vais être pris(e) pour quelqu'un de moins fort.	1	2	3	4	5
J'ai l'impression que l'on remarque souvent mes fautes ou mes faiblesses pour me dévaloriser.	1	2	3	4	5
Il faut que je fasse toujours plus de choses que les autres, sinon j'ai moins de valeur qu'eux.	1	2	3	4	5
Je ne vois que mes faiblesses, alors je me sens diminué(e).	1	2	3	4	5
Si, pour une raison quelconque, je ne peux pas faire ce que l'on me demande, on va me croire incapable.	1	2	3	4	5
Si je ne sais pas répondre à toutes les questions qu'on me pose, je me trouve moins intelligent(e) que les autres.	1	2	3	4	5
Si j'accepte mes faiblesses, je risque de diminuer mes qualités.	1	2	3	4	5
Je me sens souvent inférieur(e) car les gens me jugent négativement.	1	2	3	4	5
Même si on me fait un compliment, j'ai toujours l'impression que je n'ai pas assez bien fait.	1	2	3	4	5
Si je commets une seule erreur, je serai mal vu(e) par les autres.	1	2	3	4	5
Je ne me sens jamais content(e) de ce que j'ai réussi, car les autres trouvent que c'est banal.	1	2	3	4	5
Si je ne réussis pas une chose que je veux faire, je me vois faible dans tous les domaines.	1	2	3	4	5

Je me compare toujours avec les gens qui sont meilleurs, alors je me sens toujours inférieur(e).	1	2	3	4	5
Si je n'arrive pas à faire tout ce que l'on attend de moi, on me jugera incompétent(e).	1	2	3	4	5

SCORE TOTAL : ______________

Références

1. Yao S. N., Cottraux J., Martin R., Mollard E., Bouvard M., Guérin J. et Hanauer M. T. « Inferiority in social phobics, obsessive-compulsive and non-clinical controls. A controlled study with the inferiority scale » : *In* Sanavio E., *Behaviour and cognitive therapy today : essays in honour of Hans J. Eysenck*, Pergamon, Elsevier, London, 1998.

2. Yao S. N. et Cottraux J., *Le Sentiment d'infériorité chez les sujets non cliniques* (sous presse, l'Encéphale, 2000).

Annexe du chapitre IX : L'échelle LIR (Cottraux, 2000)

À vous

Veuillez vous évaluer sur les trois échelles suivantes. Entourez le chiffre qui correspond le mieux à la manière dont vous vous percevez. Prenez en compte la semaine écoulée.

1. La logique de ma pensée

0 ...... 1 ...... 2 ...... 3 ...... 4 .... 5 ...... 6 ...... 7 8

Parfaitement rationnel(le) Entièrement illogique

2. Le contrôle de moi et de mes actes

0 ...... 1 ...... 2 ...... 3 ...... 4 .... 5 ...... 6 ...... 7 8

Je me contrôle toujours Je ne me contrôle pas du tout

3. Mon indépendance

0 ...... 1 ...... 2 ...... 3 ...... 4 .... 5 ...... 6 ...... 7 8

Parfaitement autonome Totalement dépendant(e) des autres

Annexe du chapitre X :
Fiche de résolution de problèmes

1. Définir le problème.

2. Inventorier toutes les solutions possibles sans en censurer aucune même si elle semble déraisonnable ou imaginaire.

3. Évaluer les solutions.

a) Les avantages et les désavantages.

b) Les conséquences à court terme, à moyen terme, à long terme, pour soi, pour les autres.

c) Les implications concrètes (argent, temps), etc.

4. Prendre une décision.

(En général une combinaison de solutions, ou un compromis plus qu'une solution parfaite).

5. Exécuter de la décision.

6. Évaluer les résultats.

7. Si les résultats obtenus sont insatisfaisants, recommencer le processus à l'étape 1 en redéfinissant et en reformulant le problème non résolu.

Annexe du chapitre XI : L'inventaire des scénarios de vie

Il s'inspire du travail de Muran et de ses collaborateurs qui ont effectué une validation préliminaire d'une méthode pour évaluer les scénarios de vie à partir d'histoires d'événements particulièrement pénibles qui sont construites avec l'aide d'un psychologue. Ils sont évalués en fonction de différents paramètres et permettent de prendre conscience des situations qui déclenchent les problèmes émotionnels et relationnels, et aussi de leur caractère répétitif.

J'ai présenté cette échelle sous la forme d'un questionnaire qui peut donc être rempli par le sujet lui-même.

1. Dans un premier temps, les scénarios sont construits par le sujet lui-même selon quatre paramètres : la situation problématique, les réponses émotionnelles à la situation, les comportements (les actes) et les pensées (interprétation de la situation).
2. Dans un deuxième temps, la personne remplit l'inventaire qui mesure les scénarios de vie dans différentes dimensions : la fréquence, la préoccupation (ou anxiété), l'accessibilité à la conscience, la vue de soi-même, la présence de scénarios alternatifs, l'efficacité personnelle et la chronicité.
3. Dans un troisième temps est remplie une évaluation globale de l'intensité du problème que j'ai ajoutée à l'échelle de Muran.
4. S'il existe plusieurs scénarios repérables, il faut les évaluer un par un sur tous les items de l'échelle, y compris l'évaluation globale.
5. Plus les scores sont élevés, plus le scénario présente des effets négatifs.

À vous

Un scénario de vie correspond au fait d'être pris(e) dans des situations répétitives qui se reproduisent toujours de la même manière et à votre détriment. Veuillez prendre en compte la situation, vos réponses émotionnelles à la situation, votre comportement et vos pensées

Veuillez décrire en dix lignes votre scénario de vie le plus marquant

....

....

....

....

....

....

....

....

....

....

....

....

....

....

....

Veuillez répondre aux questions suivantes en entourant le chiffre qui correspond le mieux à ce que vous vivez habituellement

1. Combien de fois ce scénario a-t-il eu lieu dans l'année ?

0 ...... 1 ...... 2 ...... 3 ...... 4 .... 5 ...... 6 ...... 7 8

0 fois — 8 fois ou plus

2. À quel point avez-vous été préoccupé(e) par ce scénario ?

0 ...... 1 ...... 2 ...... 3 ...... 4 .... 5 ...... 6 ...... 7 8

Pas préoccupé(e) Extrêmement préoccupé(e)

3. À quel point pouvez-vous imaginer facilement ce scénario ?

0 ...... 1 ...... 2 ...... 3 ...... 4 .... 5 ...... 6 ...... 7 8

Impossible Très facile

4. À quel point ce scénario représente-t-il votre fonctionnement habituel et votre personnalité ?

0 ...... 1 ...... 2 ...... 3 ...... 4 .... 5 ...... 6 ...... 7 8

Pas du tout Complètement

5. À quel point pouvez-vous imaginer que les choses puissent se passer différemment si vous rencontrez les mêmes situations ?

0 ...... 1 ...... 2 ...... 3 ...... 4 .... 5 ...... 6 ...... 7 8

Très facilement Pas du tout

6. À quel point vous sentez-vous capable d'agir différemment si vous rencontrez les mêmes situations ?

0 ...... 1 ...... 2 ...... 3 ...... 4 .... 5 ...... 6 ...... 7 8

Très facilement Pas du tout

7. Quelle est l'époque la plus lointaine de votre vie où vous avez vécu le même scénario ?

0 ...... 1 ...... 2 ...... 3 ...... 4 .... 5 ...... 6 ...... 7 8

Très récemment Depuis toujours

Score (0-56) ____________

Sévérité du problème

Après avoir rempli cet inventaire, veuillez évaluer d'une manière globale à quel point le problème vous semble sévère actuellement. Prenez en compte la semaine écoulée et veuillez entourer une valeur sur l'échelle ci-dessous.

0 ...... 1 ...... 2 ...... 3 ...... 4 .... 5 ...... 6 ...... 7 8

Score (0-8) ______________

Références

1. Muran J.-C., Segal Z. V. et Samstag L. W., « Self-scenarios as a repeated measures outcome measurement of self-schemas in short term cognitive therapy », *Behavior Therapy*, 1994, 25, 255-274.
2. Muran J.-C., Samstag L. W., Segal Z. V. et Winston A., « Interpersonal scenarios : an idiographic measure of self-schemas », *Psychotherapy Research*, 1998, 8, 3, 321-333.

Annexe du chapitre XI : L'échelle de qualité de vie

On trouvera ci-dessous un inventaire qui permet de mesurer la qualité de vie. Cette échelle évalue la qualité de vie dans les cinq domaines : le travail, les loisirs individuels, les loisirs collectifs, la vie sexuelle. Il s'agit d'une adaptation d'une échelle utilisée dans plusieurs études contrôlées. Plus le score est élevé, moins la qualité de vie est bonne. Un score moyen de 17 (écart type = 7) a été retrouvé chez soixante-cinq sujets français, présentant une anxiété sociale et pour la plupart une personnalité évitante. On peut dire qu'à partir de 17 il existe certainement un problème.

À vous

I - TRAVAIL OU TÂCHES MÉNAGÈRES
(si elles représentent le travail habituel)
À quel point votre problème perturbe-t-il votre travail ? Veuillez entourer une valeur sur l'échelle ci-dessous.

0 ...... 1 ...... 2 ...... 3 ...... 4 .... 5 ...... 6 ...... 7 8

II - LOISIRS EN COMMUN
À quel point votre problème perturbe-t-il vos loisirs avec les autres (sorties, voir des amis, visites, rendez-vous) ? Veuillez entourer une valeur sur l'échelle ci-dessous.

0 ...... 1 ...... 2 ...... 3 ...... 4 .... 5 ...... 6 ...... 7 8

III - LOISIRS INDIVIDUELS
À quel point votre problème perturbe-t-il vos loisirs individuels ? Veuillez entourer une valeur sur l'échelle ci-dessous.

0 ...... 1 ...... 2 ...... 3 ...... 4 .... 5 ...... 6 ...... 7 8

IV - VIE FAMILIALE

À quel point votre problème perturbe-t-il votre vie familiale ? Veuillez entourer une valeur sur l'échelle ci-dessous.

0 ...... 1 ...... 2 ...... 3 ...... 4 .... 5 ...... 6 ...... 7 8

V - SEXUALITÉ

À quel point votre problème perturbe-t-il votre vie sexuelle ? Veuillez entourer une valeur sur l'échelle ci-dessous.

0 ...... 1 ...... 2 ...... 3 ...... 4 .... 5 ...... 6 ...... 7 8

Score (5-40) ______________

Références

1. Cottraux J., Note I., Albuisson E., Yao S. N., Note B., Mollard E., Bonasse F., Jalenques I., Guérin J., Coudert A. J., « Cognitive behaviour therapy versus supportive therapy in social phobia : a randomised controlled trial », *Psychotherapy and Psychosomatics*, 2000 ; 69 : 137-146.
2. Marks I. M., Swinson R., Basoglu M., Kuch K., Noshirvani H., O'Sullivan G., Lelliot P. T., Kirby M., McNamee G., Sengun S. et Wickwire K., « Alprazolam and exposure alone or combined in panic disorder with agoraphobia : a controlled study in London and Toronto », *British Journal of Psychiatry*, 1993 ; 162 : 776-787.

Table

Deuxième partie :

OÙ SONT ÉCRITS LES SCÉNARIOS ?

Troisième partie :

LE DÉNOUEMENT DES SCÉNARIOS

Ouvrage proposé par Alain Braconnier

CET OUVRAGE A ÉTÉ MIS EN PAGE
CHEZ NORD COMPO (VILLENEUVE-D'ASCQ)
ET ACHEVÉ D'IMPRIMER SUR ROTO-PAGE
PAR L'IMPRIMERIE FLOCH (MAYENNE)
EN JUILLET 2001

N° d'impression : 52065.
N° d'édition : 7381-0985-3.
Dépôt légal : avril 2001.

Imprimé en France